U0022792

心一堂術數古籍珍本叢刊

書名：地理穿透真傳（虛白廬藏清初刻原本）
系列：心一堂術數古籍珍本叢刊　堪輿類　第二輯　222
作者：【清】張九儀
主編、責任編輯：陳劍聰
心一堂術數古籍珍本叢刊編校小組：陳劍聰　素聞　鄒偉才　虛白盧主

出版：心一堂有限公司
通訊地址：香港九龍旺角彌敦道六一〇號荷李活商業中心十八樓〇五—〇六室
深港讀者服務中心：中國深圳市羅湖區立新路六號羅湖商業大廈負一層〇〇八室
電話號碼：(852)67150840
網址：publish.sunyata.cc
電郵：sunyatabook@gmail.com
網店：http://book.sunyata.cc
淘寶店地址：https://shop210782774.taobao.com
微店地址：https://weidian.com/s/1212826297
臉書：https://www.facebook.com/sunyatabook
讀者論壇：http://bbs.sunyata.cc/

版次：二零一八年十一月初版
平裝

定價：港幣　一百九十八元正
新台幣　七百八十元正

國際書號：ISBN 978-988-8582-07-5

版權所有　翻印必究

香港發行：香港聯合書刊物流有限公司
地址：香港新界大埔汀麗路36號中華商務印刷大廈3樓
電話號碼：(852)2150-2100
傳真號碼：(852)2407-3062
電郵：info@suplogistics.com.hk

台灣發行：秀威資訊科技股份有限公司
地址：台灣台北市內湖區瑞光路七十六巷六十五號一樓
電話號碼：+886-2-2796-3638
傳真號碼：+886-2-2796-1377
網絡書店：www.bodbooks.com.tw
台灣國家書店讀者服務中心：
地址：台灣台北市中山區松江路二〇九號一樓
電話號碼：+886-2-2518-0207
傳真號碼：+886-2-2518-0778
網絡書店：http://www.govbooks.com.tw

中國大陸發行　零售：深圳心一堂文化傳播有限公司
深圳地址：深圳市羅湖區立新路六號羅湖商業大廈負一層〇〇八室
電話號碼：(86)0755-82224934

心一堂微店二維碼

心一堂淘寶店二維碼

心一堂術數古籍 珍本 整理 叢刊 總序

術數定義

術數，大概可謂以「推算（推演）、預測人（個人、群體、國家等）、事、物、自然現象、時間、空間方位等規律及氣數，並或通過種種『方術』，從而達致趨吉避凶或某種特定目的」之知識體系和方法。

術數類別

我國術數的內容類別，歷代不盡相同，例如《漢書・藝文志》中載，漢代術數有六類：天文、曆譜、五行、蓍龜、雜占、形法。至清代《四庫全書》，術數類則有：數學、占候、相宅相墓、占卜、命書、相書、陰陽五行、雜技術等，其他如《後漢書・方術部》、《藝文類聚・方術部》、《太平御覽・方術部》等，對於術數的分類，皆有差異。古代多把天文、曆譜、及部分數學均歸入術數類，而民間流行亦視傳統醫學作為術數的一環；此外，有些術數與宗教中的方術亦往往難以分開。現代民間則常將各種術數歸納為五大類別：命、卜、相、醫、山，通稱「五術」。

本叢刊在《四庫全書》的分類基礎上，將術數分為九大類別：占筮、星命、相術、堪輿、選擇、三式、讖諱、理數（陰陽五行）、雜術（其他）。而未收天文、曆譜、算術、宗教方術、醫學。

術數思想與發展——從術到學，乃至合道

我國術數是由上古的占星、卜筮、形法等術發展下來的。其中卜筮之術，是歷經夏商周三代而通過「龜卜、蓍筮」得出卜（筮）辭的一種預測（吉凶成敗）術，之後歸納並結集成書，此即現傳之《易

經》。經過春秋戰國至秦漢之際，受到當時諸子百家的影響、儒家的推崇，遂有《易傳》等的出現，原本是卜筮術書的《易經》，被提升及解讀成有包涵「天地之道（理）」之學。因此，《易・繫辭傳》曰：「易與天地準，故能彌綸天地之道。」

漢代以後，易學中的陰陽學說，與五行、九宮、干支、氣運、災變、律曆、卦氣、讖緯、天人感應說等相結合，形成易學中象數系統。而其他原與《易經》本來沒有關係的術數，如占星、形法、選擇，亦漸漸以易理（象數學說）為依歸。《四庫全書・易類小序》云：「術數之興，多在秦漢以後。要其旨，不出乎陰陽五行，生尅制化。實皆《易》之支派，傳以雜說耳。」至此，術數可謂已由「術」發展成「學」。

及至宋代，術數理論與理學中的河圖洛書、太極圖、邵雍先天之學及皇極經世等學說給合，通過術數以演繹理學中「天地中有一太極，萬物中各有一太極」（《朱子語類》）的思想。術數理論不單已發展至十分成熟，而且也從其學理中衍生一些新的方法或理論，如《梅花易數》、《河洛理數》等。

在傳統上，術數功能往往不止於僅僅作為趨吉避凶的方術，及「能彌綸天地之道」的學問，亦有其「修心養性」的功能，「與道合一」（修道）的內涵。《素問・上古天真論》：「上古之人，其知道者，法於陰陽，和於術數。」數之意義，不單是外在的算數、歷數、氣數，而是與理學中同等的「道」、「理」--心性的功能，北宋理氣家邵雍對此多有發揮：「聖人之心，是亦數也」、「萬化萬事生乎心」、「心為太極」。《觀物外篇》：「先天之學，心法也。……蓋天地萬物之理，盡在其中矣，心一而不分，則能應萬物。」反過來說，宋代的術數理論，受到當時理學、佛道及宋易影響，認為心性本質上是等同天地之太極。天地萬物氣數規律，能通過內觀自心而有所感知，即是內心也已具備有術數的推演及預測、感知能力；相傳是邵雍所創之《梅花易數》，便是在這樣的背景下誕生。

《易・文言傳》已有「積善之家，必有餘慶；積不善之家，必有餘殃」之說，至漢代流行的災變說及讖緯說，我國數千年來都認為天災，異常天象（自然現象），皆與一國或一地的施政者失德有關；下至家族、個人之盛衰，也都與一族一人之德行修養有關。因此，我國術數中除了吉凶盛衰理數之外，人心的德行修養，也是趨吉避凶的一個關鍵因素。

術數與宗教、修道

在這種思想之下，我國術數不單只是附屬於巫術或宗教行為的方術，又往往是一種宗教的修煉手段--通過術數，以知陰陽，乃至合陰陽（道）。「其知道者，法於陰陽，和於術數。」例如，「奇門遁甲」術中，即分為「術奇門」與「法奇門」兩大類。「法奇門」中有大量道教中符籙、手印、存想、內煉的內容，是道教內丹外法的一種重要外法修煉體系。甚至在雷法一系的修煉上，亦大量應用了術數內容。此外，相術、堪輿術中也有修煉望氣（氣的形狀、顏色）的方法；堪輿家除了選擇陰陽宅之吉凶外，也有道教中選擇適合修道環境（法、財、侶、地中的地）的方法，以至通過堪輿術觀察天地山川陰陽之氣，亦成為領悟陰陽金丹大道的一途。

易學體系以外的術數與的少數民族的術數

我國術數中，也有不用或不全用易理作為其理論依據的，如揚雄的《太玄》、司馬光的《潛虛》。也有一些占卜法、雜術不屬於《易經》系統，不過對後世影響較少而已。

外來宗教及少數民族中也有不少雖受漢文化影響（如陰陽、五行、二十八宿等學說。）但仍自成系統的術數，如古代的西夏、突厥、吐魯番等占卜及星占術，藏族中有多種藏傳佛教占卜術、苯教占卜術、擇吉術、推命術、相術等；北方少數民族有薩滿教占卜術；不少少數民族如水族、白族、布朗族、佤族、彝族、苗族等，皆有占雞（卦）草卜、雞蛋卜等術，納西族的占星術、占卜術，彝族畢摩的推命術、占卜術……等等，都是屬於《易經》體系以外的術數。相對上，外國傳入的術數以及其理論，對我國術數影響更大。

曆法、推步術與外來術數的影響

我國的術數與曆法的關係非常緊密。早期的術數中，很多是利用星宿或星宿組合的位置（如某星在某州或某宮某度）付予某種吉凶意義，并據之以推演，例如歲星（木星）、月將（某月太陽所躔之宮次）等。不過，由於不同的古代曆法推步的誤差及歲差的問題，若干年後，其術數所用之星辰的位置，已與真實星辰的位置不一樣了；此如歲星（木星），早期的曆法及術數以十二年為一周期（以應地支），與木星真實周期十一點八六年，每幾十年便錯一宮。後來術家又設一「太歲」的假想星體來解決，是歲星運行的相反，週期亦剛好是十二年。而術數中的神煞，很多即是根據太歲的位置而定。又如六壬術中的「月將」，原是立春節氣後太陽躔娵訾之次而稱作「登明亥將」，至宋代，因歲差的關係，要到雨水節氣後太陽才躔娵訾之次，當時沈括提出了修正，但明清時六壬術中「月將」仍然沿用宋代沈括修正的起法沒有再修正。

由於以真實星象周期的推步術是非常繁複，而且古代星象推步術本身亦有不少誤差，大多數術數除依曆書保留了太陽（節氣）、太陰（月相）的簡單宮次計算外，漸漸形成根據干支、日月等的各自起例，以起出其他具有不同含義的眾多假想星象及神煞系統。唐宋以後，我國絕大部分術數都主要沿用這一系統，也出現了不少完全脫離真實星象的術數，如《子平術》、《紫微斗數》、《鐵版神數》等。後來就連一些利用真實星辰位置的術數，如《七政四餘術》及選擇法中的《天星選擇》，也已與假想星象及神煞混合而使用了。

隨着古代外國曆（推步）、術數的傳入，如唐代傳入的印度曆法及術數，元代傳入的回回曆等，其中我國占星術便吸收了印度占星術中羅睺星、計都星等而形成四餘星，又通過阿拉伯占星術而吸收了其中來自希臘、巴比倫占星術的黃道十二宮、四大（四元素）學說（地、水、火、風），並與我國傳統的二十八宿、五行說、神煞系統並存而形成《七政四餘術》。此外，一些術數中的北斗星名，不用我國傳統的星名：天樞、天璇、天璣、天權、玉衡、開陽、搖光，而是使用來自印度梵文所譯的：貪狼、巨門、祿存、文曲，廉貞、武曲、破軍等，此明顯是受到唐代從印度傳入的曆法及占星術所影響。如星命術中的《紫微斗數》及堪輿術中的《撼龍經》等文獻中，其星皆用印度譯名。及至清初《時憲曆》，置閏之法則改用西法「定氣」。清代以後的術數，又作過不少的調整。

此外，我國相術中的面相術、手相術，唐宋之際受印度相術影響頗大，至民國初年，又通過翻譯歐西、日本的相術書籍而大量吸收歐西相術的內容，形成了現代我國坊間流行的新式相術。

陰陽學——術數在古代、官方管理及外國的影響

術數在古代社會中一直扮演着一個非常重要的角色，影響層面不單只是某一階層、某一職業、某一年齡的人，而是上自帝王，下至普通百姓，從出生到死亡，不論是生活上的小事如洗髮、出行等，大事如建房、入伙、出兵等，從個人、家族以至國家，從天文、氣象、地理到人事、軍事，從民俗、學術到宗教，都離不開術數的應用。我國最晚在唐代開始，已把以上術數之學，稱作陰陽（學），行術數者稱陰陽人。（敦煌文書、斯四三二七唐《師師漫語話》：「以下說陰陽人謾語話」，此說法後來傳入日本，今日本人稱行術數者為「陰陽師」）。一直到了清末，欽天監中負責陰陽術數的官員中，以及民間術數之士，仍名陰陽生。

古代政府的中欽天監（司天監），除了負責天文、曆法、輿地之外，亦精通其他如星占、選擇、堪輿等術數，除在皇室人員及朝庭中應用外，也定期頒行日書、修定術數，使民間對於天文、日曆用事吉凶及使用其他術數時，有所依從。

我國古代政府對官方及民間陰陽學及陰陽官員，從其內容、人員的選拔、培訓、認證、考核、律法監管等，都有制度。至明清兩代，其制度更為完善、嚴格。

宋代官學之中，課程中已有陰陽學及其考試的內容。（宋徽宗崇寧三年〔一一零四年〕崇寧算學令：「諸學生習……並曆算、三式、天文書。」「諸試……三式即射覆及預占三日陰陽風雨。天文即預

定一月或一季分野災祥，並以依經備草合問為通。」

金代司天臺，從民間「草澤人」（即民間習術數人士）考試選拔：「其試之制，以《宣明曆》試推步，及《婚書》、《地理新書》試合婚、安葬，並《易》筮法，六壬課、三命、五星之術。」（《金史》卷五十一・志第三十二・選舉一）

元代為進一步加強官方陰陽學對民間的影響、管理、控制及培育，除沿襲宋代、金代在司天監掌管陰陽學及中央的官學陰陽學課程之外，更在地方上增設陰陽學課程（《元史・選舉志一》：「世祖至元二十八年夏六月始置諸路陰陽學。」）地方上也設陰陽學教授員，培育及管轄地方陰陽人。（《元史・選舉志一》：「（元仁宗）延祐初，令陰陽人依儒醫例，於路、府、州設教授員，凡陰陽人皆管轄之，而上屬於太史焉。」）自此，民間的陰陽術士（陰陽人），被納入官方的管轄之下。

至明清兩代，陰陽學制度更為完善。中央欽天監掌管陰陽學，明代地方縣設陰陽學正術，各州設陰陽學典術，各縣設陰陽學訓術。陰陽人從地方陰陽學肆業或被選拔出來後，再送到欽天監考試。（《大明會典》卷二二三：「凡天下府州縣舉到陰陽人堪任正術等官者，俱從吏部送（欽天監），考中，送回選用；不中者發回原籍為民，原保官吏治罪。」）清代大致沿用明制，凡陰陽術數之流，悉歸中央欽天監及地方陰陽官員管理、培訓、認證。至今尚有「紹興府陰陽印」、「東光縣陰陽學記」等明代銅印，及某某縣某某之清代陰陽執照等傳世。

清代欽天監漏刻科對官員要求甚為嚴格。《大清會典》「國子監」規定：「凡算學之教，設肄業生。滿洲十有二人，蒙古、漢軍各六人，於各旗官學內考取。漢十有二人，於舉人、貢監生童內考取。附學生二十四人，由欽天監選送。教以天文演算法諸書，五年學業有成，舉人引見以欽天監博士用，貢監生童以天文生補用。」學生在官學肄業、貢監生肄業或考得舉人後，經過了五年對天文、算法、陰陽學的學習，其中精通陰陽術數者，會送往漏刻科。而在欽天監供職的官員，《大清會典則例》「欽天監」規定：「本監官生三年考核一次，術業精通者，保題升用。不及者，停其升轉，再加學習。如能黽勉供職，即予開復。仍不及者，降職一等，再令學習三年，能習熟者，准予開復，仍不能者，黜退。」除定期考核以定其升用降職外，《大清律例》中對陰陽術士不準確的推斷（妄言禍福）是要治罪的。《大清律例・一七八・術七・妄言禍福》：「凡陰陽術士，不許於大小文武官員之家妄言禍福，違者杖一百。其依經推算星命卜課，不在禁限。」大小文武官員延請的陰陽術士，自然是以欽天監漏刻科官員或地方陰陽官員為主。

官方陰陽學制度也影響鄰國如朝鮮、日本、越南等地，一直到了民國時期，鄰國仍然沿用着我國的多種術數。而我國的漢族術數，在古代甚至影響遍及西夏、突厥、吐蕃、阿拉伯、印度、東南亞諸國。

術數研究

術數在我國古代社會雖然影響深遠，「是傳統中國理念中的一門科學，從傳統的陰陽、五行、九宮、八卦、河圖、洛書等觀念作大自然的研究。……傳統中國的天文學、數學、煉丹術等，要到上世紀中葉始受世界學者肯定。可是，術數還未受到應得的注意。術數在傳統中國科技史、思想史，文化史、社會史，甚至軍事史都有一定的影響。……更進一步了解術數，我們將更能了解中國歷史的全貌。」（何丙郁《術數、天文與醫學中國科技史的新視野》，香港城市大學中國文化中心。）

可是術數至今一直不受正統學界所重視，加上術家藏秘自珍，又揚言天機不可洩漏，「（術數）乃吾國科學與哲學融貫而成一種學說，數千年來傳衍嬗變，或隱或現，全賴一二有心人為之繼續維繫，賴以不絕，其中確有學術上研究之價值，非徒癡人說夢，荒誕不經之謂也。其所以至今不能在科學中成立一種地位者，實有數因。蓋古代士大夫階級目醫卜星相為九流之學，多恥道之；而發明諸大師又故為惝恍迷離之辭，以待後人探索；間有一二賢者有所發明，亦秘莫如深，既恐洩天地之秘，復恐譏為旁門左道，始終不肯公開研究，成立一有系統說明之書籍，貽之後世。故居今日而欲研究此種學術，實一極困難之事。」（民國徐樂吾《子平真詮評註》，方重審序）

現存的術數古籍，除極少數是唐、宋、元的版本外，絕大多數是明、清兩代的版本。其內容也主要是明、清兩代流行的術數，唐宋或以前的術數及其書籍，大部分均已失傳，只能從史料記載、出土文獻、敦煌遺書中稍窺一鱗半爪。

術數版本

坊間術數古籍版本，大多是晚清書坊之翻刻本及民國書賈之重排本，其中豕亥魚魯，或任意增刪，往往文意全非，以至不能卒讀。現今不論是術數愛好者，還是民俗、史學、社會、文化、版本等學術研究者，要想得一常見術數書籍的善本、原版，已經非常困難，更遑論如稿本、鈔本、孤本等珍稀版本。在文獻不足及缺乏善本的情況下，要想對術數的源流、理法、及其影響，作全面深入的研究，幾不可能。

有見及此，本叢刊編校小組經多年努力及多方協助，在海內外搜羅了二十世紀六十年代以前漢文為主的術數類善本、珍本、鈔本、孤本、稿本、批校本等數百種，精選出其中最佳版本，分別輯入兩個系列：

一、心一堂術數古籍珍本叢刊

二、心一堂術數古籍整理叢刊

前者以最新數碼（數位）技術清理、修復珍本原本的版面，更正明顯的錯訛，部分善本更以原色彩色精印，務求更勝原本。并以每百多種珍本、一百二十冊為一輯，分輯出版，以饗讀者。

後者延請、稿約有關專家、學者，以善本、珍本等作底本，參以其他版本，古籍進行審定、校勘、注釋，務求打造一最善版本，方便現代人閱讀、理解、研究等之用。

限於編校小組的水平，版本選擇及考證、文字修正、提要內容等方面，恐有疏漏及舛誤之處，懇請方家不吝指正。

心一堂術數古籍 珍本
整理 叢刊編校小組

二零零九年七月序

二零一四年九月第三次修訂

地理穿透真傳敘

自古地仙。著書立說。第一楊救貧。疑龍撼龍等經。詞句崇雅。學問淵博。其次。張子微玉髓真經。繪形畫象。大小咸備。二人識地理之傑出者。餘論雖足驚人駭俗。要求能指何者為吉。何者為凶。使人登山一見了然。確不游移。則不致迷。不至以汗牛充棟書內得其的旨者。厲伯韶。先識穿山虎。方行透地龍。渾天開寶鏡。金水月相逢此四句。看地纂蘊包括殆盡。惜人不能解。誤以庚有七十二龍。有六十龍。而以金水月。在七元中起遁。竟不知渾天開寶鏡句。是歌中主腦。為龍。為庚。為金。為水。總在鏡中一家物。

渾天二字。寔包天包地而為言。洪荒開闢。生物生人。皆此渾天嚴陵張九翁。窺得此奧。訣以一到廣西。遊見臬司公署。即曰此衙門大利。赦文山高。見藩司公署。即曰此衙門不利。向差緣起。至于靈川臨桂。休咎皆一一如久見者點。非深窺乎渾天寶鏡而孰如是乎。今與其傳一冊。能盡圖中。明詮何處為穿山。何處為透地。且明指此山為金。此山為水。使人吉凶先見。

洩盡渾天機竅。讀之舉古來地仙諸書。皆為浮談虛話。如同費紙無。余丑靈川。九翁為我。改正大堂。嘗與合嗣員木。由金州往省。淂時過署中。亮衣談心。余深有契乎此。因取俸餘。付之歙剛公我同人焉。

康熙戊戌餘姚樓儼頓首拜題

穿透真傳叙

余少年做秀才時即好講究風水而我甯紹人喜談者幕講僧所扦之地皆大發福余深欣慕乃取其紫白吊替三元運會之書熟讀而玩索之大似有理孰意到地登視屢匕人家所發科甲及房分子孫皆與地上不相對何也因考吊替法彼法以生我者為福煞我者為禍今壬子山坎宮一白水也吊得二黒土到戌乾土来剋水為煞煞砂頭不宜起而戌年大發科

甲辰巽山巽宮四綠木也吊得一白水到坤未水來生木為生砂正該起而未年人命死人應吉而凶應凶而反吉則又何也至若三元上中下一百八十年天地之大運也其法以當運為及時為旺氣為生宜興旺以不當運為退時為死氣為煞宜衰敗此理亦甚正今考人家發福舊地七赤兑旹下元運到上元退時宜敗落而大興旺一白坎旹上元運到上元及時宜興發而反休囚將来新坟無從考証已葬舊地

應驗分明如此立法何以爲訓因此寤寐間輾轉思維欲得登地即指我云某房該發某房該敗其發與敗該在某年某月如此此之人得相遇會方快吾心乙卯年章公寅曰嚴陵張九儀看地正如此遂心焉慕之無刻忍忘直至壬午武林書肆得賭大快于心曰吾想先生幾三十年今日方會遂叩問地上何謂催官先生曰地無催官砂不發科甲如登此地見其催官砂起于何方便知該何年發該何房發若不

及登地花月下談心但知其所發在何年在何房分便知其催官砂在何方起先生乙卯鄉榜吾知之已不知甲榜是何科余曰乙丑先生曰坤峯高焰向西定發在仲房余驚訝曰果坤峯尖秀余行第二時被徽商請上新安遲十年壬辰方得到吾鄞甬坐下訴曰余大兒壬午次兒辛卯皆叨鄉薦先生曰坤未峯起三合會局天干坤壬乙合所以壬午年利地支亥卯未合所以辛卯年利坤峯左右定有一二小山排

刻並峙果然余因嘆曰神乎其技仙人也不知遵何道而能如此也適一舊友來訪述其祖坟以相誇示先生曰我聰所述我知此地已丁龍入首坐卯向酉取兑納丁也朝山近左高砂突起發福之期天干在庚甲地支在卯酉友人父果己卯鄉榜庚辰鼎甲去

人曰此非時術乃怪術也何以講來便知先生曰此非術也乃至道也道不在地而在天渾天開寶鏡地上穿山透地金水相逢盡渾天中真所謂道可道非

常道也。昔仙師白玉蟾明初出現，蘇州虎丘，南為劉

氏扦地，即此道也。

吏部右侍郎鄞縣仇兆鰲滄柱題于武林友益齋

穿透真傳叙

癸丑年春三月十八日。當今皇帝六十歲大壽也。余偕同年友滄桂仇先生進都稱觴上　壽。賀畢。乃與滄老索精堪輿術者。滄老曰。今日堪輿看地皆茫茫然。看止知長生沐浴。左旋右旋。四大水口及大小元空。大事畢已。再有高者用慕講紫白吊替。三元運會而已。至問其納甲何以納法。河圖何以順生。洛書何以逆剋。伏羲先天卦何以屈文王後天卦何以易則皆曰不知也由是禍福無憑吉凶莫辯欲求其開眼便見指人曰何處生福何處生禍而且禍之輕重福之大小一一明白指示者今罕其倫止見嚴陵張九儀一人而已現寓無錫二泉山下四方延請者甚衆余乃潔贄誠心而恭迎之南到坐定叩問曰數長生法先生從何處起先生疑視半晌曰老先生與時術談地理乎此等皆由賸淺謭不足以之看地者余曰先生用何法以看地先

生曰余止有三句話看地自有鉄板数名支〻吾〻模非真道此三句也余曰、何以見之先生曰、今日到府問大老先生癸丑中今老先生乙丑中便知得祖塋上東北角大小兩峯揷起左肩余驚訝曰先生何時見過先生曰德清從未曾來亦不知佳城在何處適言鉄板数者此也若非鉄板定数何以一問便知余曰、誠如此則敝邑蔡府出兩狀元先生來定去看他地今即在此不去看便可預言之乎先生曰何不可言之有余因捧筆求寫紙上先生援筆直書曰前狀元在庚戌今狀元在壬戌他祖坟定是壬丙局酉抵角乾上有兩高峯明日去看便見也未又書云若乾上無兩高峯則吾道不真便告辭去次日六七八到瑶武垣視果然乾方兩高大金星余私嘆曰如此學問不知從何得來巳往者知既分明則將來者斷然不爽吾家今又得地巳葬賴滄老指示請來向日與談長生帝旺之士相商議並未聞此法過數日看

余兩老瑩又皆一匕如見並不知得何道而能如此先生曰此道不在他處即在堯典中分命羲和一節也世人無肯讀者唯賴布衣白海南朱燕數賢能讀之也

工部尚書德清徐元正靜園題于錫山之二泉亭

地理穿透真傳叙

世人篤好風水。博覽羣書。朝夕講究。多券術士者。間二種。用心人。其一以為吾族未嘗有貴顯。欲得一位官地。庶幾可發科發甲也。其一有已發富貴。雖恐祖父為卿為相。後世子孫。每多貧窮寥落。不堪。吾今選擇美地。使可紹前徽于不替也。二者皆人之常情。所宜有者。獨是一則亟亟圖謀。催官而不肯發科發甲。枉費心机。一則謀紹前徽。而終不免貧窮寥落。徒為

里巷嘆惜者何也則以從来地理書非雜即假所以
来地着心欲發科甲而不知此地何處山頭是貴砂
心欲免貧窮而不知此地何處山頭是富砂無他以
不得道之大原故也董仲舒曰道之大原出于天陳
繹先叅究焉發明運用之方而曰渾天開宝鏡益以
宝鏡所闢天包地外地藏天中日夜旋轉地上巒頭
高起與低伏磨錯交相逢處逢着生旺便榮華富貴
支低便貧窮况天大竅全在一穿一透人苟知此
達

看[illegible]山脈已驗之禍福皆一々如見而無遺杆新地將來之禍福皆一々預定而不爽此

九儀老翁[illegible]山

城皆驚傳為神人也今即其所斷驗藩臬二司靈臨二邑倉糧公署打魟洲王宦家已往將來之休咎皆毫末無差余閱人多已斷驗禍福時皆說騎墻話未有如此之鑿々者靈川令樓敬思先生祖籍吾浙金華人也

幽倖餘刻以公世欲世人知地理內有此一㕓也余雖未得口授時相與議論闡竊私記

之。亦窺見一斑。遂欣然附驥。稍助微貲。非敢有好名心也。亦以傳我子孫世世守之。勿失。庶幾乎識得科何由發。貧窮何以免。此中自有所以應驗之故云。余此序。

康熙五十七年歲次戊戌孟冬之朔山陰吳銓題於粵西之桂林官舍

穿透真傳再序

金州學　武宣陳前賢俟舉
　　　　昭潭覃熙士喜　參訂

聖天子御極六十年辛丑歲。仲春。兩李先生坐儀鳳堂講地理。覃先生曰。余讀穿透真傳書極明白易解。有一友述他祖地。其處山高其處山低。其處山遠與近。余以穿透法斷之。該其房興其房敗其房絕。或平安。竟真有差。陳先生曰。余在南寧府見梁標

讀砂水要訣上五個月胸中洞瞭人敬服如神今余二人
無他有一疑要問凡地以龍為根本真傳中竟不言
及龍身何也余曰唯唯穿山虎是言砂法透地龍則
專言龍也千里来龍最重到頭結穴一節當龍來
起頂俯注穴場亦要如砂用穿山法穿得與穴相
和順緊煖則發祿雖人說凶龍亦吉穿得與穴
剋戾氣冷則生禍雖人說吉龍亦凶龍之關係甚
大如此昔李德徽地理四十段首云看地有一大竅

得其巒頭頭是道不得竅說來說去總是說邊際先生曰何為大竅余曰先以巒頭論人曰左要開帳也左要有起伏曲折也左要穿心也是也請問左有開帳發何以不開帳亦發也左以起伏曲折發何以直行一二十里分水發張真人桐城發兵部張尚書也左不必穿心發亦有穿心不發者此處有一大竅焉知此竅則地之該發不發不該發反發之故開眼一看了然在目不知則胸中茫然如夢覃先生曰理氣如何余曰人皆

喜三吉六秀龍。喜淨陰賤淨陽。龍今節取一巽龍辛
向論。宋方臘祖地。巽龍辛向。河水聚酉方。爲巨寇而
乾坤艮巽四神並起。不文天祥祖地。巽龍辛向一條
知向酉化殺爲官。可惜。酉山高起。砂法及辛向。催
辛水望東流。中狀元而受福。官。而反受禍。定然兼戌。揆
酉爲八漢李陵祖地。巽龍。水會河鬲辛庚金局三次下
殺也。金局。汪洋太盛。此人所云吉龍也。而何以凶文節
者城。巽木。單。弱。受。剋。
取辰戌龍。論戌乾龍。山東生孔子。發源生水子泗州生
明太祖。孔子朱子。全庚戌命。本宮發明。太祖戊辰命對

宮陵。會稽禹陵是辰龍。傳國二千餘年，勾踐稱伯捫房孫權天子岡亦辰龍。三分天下，勢成鼎足，皆人力說凶龍也。而何以古此中皆有所以然之故，人不能知。豈不是夢想之人得大竅，見巒頭梧桐芍藥枝固貴龍，即童斷過獨石亦貴龍。論理氣丙丁郊巽等固貴龍，即辰戌丑未等亦貴龍。但理氣大竅不敢輕洩，巒頭大竅不妨畧露一斑。看龍巒頭，先看用神。用神起祖山，則龍結初落；用神起盡頭，則龍結末落。用神起左右帳角則危結分落用神起行危半路則危結脈落把定此竅看危危從何處走閃合以理氣大竅用神性火則危第一取透土火來生土用神爲生氣次取透火火來比火用神爲旺氣再次取透水水去剋火用神爲妻才見用神性水則危第一取透木木來生木用神爲生氣次取透水水來比水用神爲旺氣再次取透土土去剋水用神爲妻才三神應驗生氣發甲科人丁旺氣發科貢丁才白衣妻才發才

[illegible]吸禍福之權然[illegible]山川[illegible]獨主持[illegible]
[illegible]之岸岸藏之有未[illegible]千[illegible]遵[illegible]司皆備法

東湖主人拜序

允儀氏

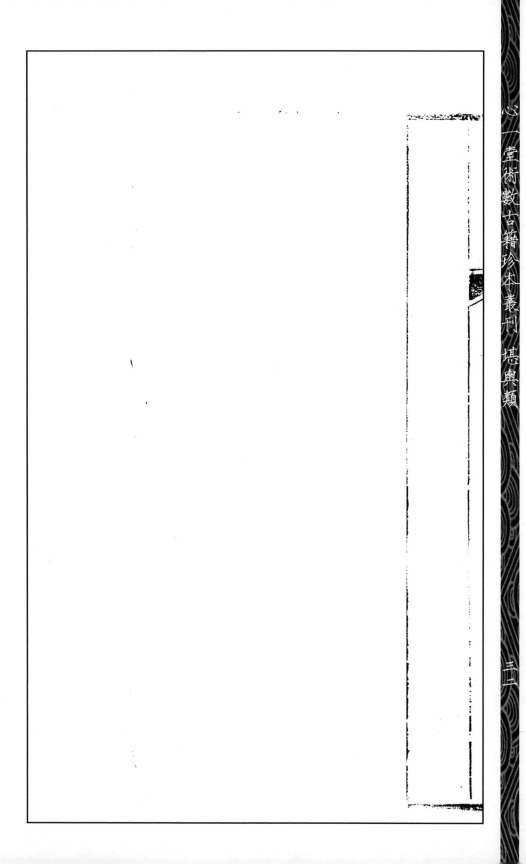

穿透眞傳自叙

或曰葬經云童斷過独石五不葬今出侯伯出宰相出揔督詎書無憑乎抑地無憑乎余曰唯地有憑所以童斷過独石能發大禍吳介侯叙云心欲求科甲而不知此地何處山頭是貴砂心欲免貧窮而不知此地何處山頭是富砂是求貴者須憑貴砂求富者須憑富砂也而其間運用之妙昔刘青田西湖杆地山頭分明是貴砂人只要富便穿透中發作富砂

止發丁財山頭分明是穷砂人定要貴便穿透中擀作貴砂發科發甲是世之求穷求貴者唯砂是憑而少之貴砂砂擀作穷穷砂擀作貴者則又唯穿透之人是憑也真傳冊內句句說地之有憑處惜未得道者不悟耳本洲刘堂翁諱藩長洪洞人明敏練達才幹絕倫將補務尽奪去鎮日署中間尖想及後人愚闇者見此真傳易曉為即吴叙之未傳我子孫世世守之勿失庶几識得科甲何由發貧窮何以

尋覓之意示或曰擲砂挨星法得之白仙六壬選日神人告予覓可奪砂運之遲者而速之余曰昔年亡古仙聖詒余云伏羲氏畫卦皆吾助又云文王易卦以其煩又云六壬奇门雷霆三書宜熟後始蘊以傳之壬但止決神將小數勞心焦思搜尋其大廣積六七年一日夜影中神人來指示殆易所云思之思之鬼神通之者乎指示後方知世人皆泛泛用之不得切要之竅此竅一得催科甲催生子催財帛更兼天星祿馬貴人法

更兼天官五行。权蔭文魁。朝元守垣諸法。所以應驗。較砂法更速。丁酉年廣西藩司。春季修。改秋季即陞貴州巡撫。得大六壬力也。叙前山頭二字。非止千尋百丈之山。即平陽平洋。丈數三四尺土埄。亦是也。

時

康熙五十七年歲次戊戌十一月望日、

嚴陵張鳳藻八十五翁書于

廣西桂林府全州吏目官舍

穿透真傳卮言

凡看地先看穴情窩鉗乳突四字分明前後左右四方團聚此處有地已乃看氣脈有龍有脈有氣正地也有氣無龍無脈奇地也有龍有脈無氣假地也[illegible]以氣為主氣煖則發福無氣則淩退嘗覌江東水鄉江北平陽無不皆然至于包護此氣者全憑砂水上透則砂透砂透則富貴貧賤吉凶生死皆從此發現已水止管才丁水鄉間有貴顯若大富大貴仍憑砂

力山隴地砂之高大者有千尋百丈砂之低小者亦有十丈十數丈到平陽平洋不過丈數七八尺而已其力重與千尋等誰知古地仙止知論砂形不知看砂性所以吉凶禍福大小輕重不能辯別能辯別者唯有渾天開宝鏡一句今取一美砂一悪砂而以渾天宝鏡之法分別之使知看地之訣已假如見一木星貴人砂地理書以其形美便贊其出富出貴之宝鏡則不然如見貴人在生烈方則出公卿將相仙佛

甲科若貴人在旺氣方則出科貢秀才人丁富厚[illegible]貴人在退氣方則出窮酸蕩子畫工乞丐若貴人在殺氣方則出美貌盜賊忠臣烈士是美砂有二吉也亦有二凶假如見一火星歪筆砂地理書以其形惡便言他出僧出賊已定鏡亦不然如見歪筆在洩氣方則出和尚法師畫匠技藝若歪筆在殺氣方則出盜賊殺人武將橫行若歪筆在生氣方則出貪佞宰相邪媚奸臣如歪筆在旺氣方則出豪富奸淫占產武

斷是惡砂有二凶也亦有二吉玉髓經分龍之上中下以定砂之貴賤如楊救貧砂佗美女貴賤從夫之說不准唯賴布衣砂形雖美位凶方亦恐歲久非忠赤乃是地仙話各地理書不知催官篇所說凶方是言殺洩方而泛泛云艮寅、丑未等方以不知宝鏡的旨也宝鏡中相逢能旨不同三吉四凶止間說生孰煞是故巽木砂三吉方也若石透地土龍逢之木〻尅土則不吉而反凶艮金砂酉凶方也若透地水龍逢之金來生水則不凶而又吉所以從來地理書拘泥二吉六秀四凶等方而不知辨別其中生尅者皆係僞書今穿透真傳乃催官篇嫡派所以砂不止論外貌之形而實論內性之理論貌則禍福茫茫論性則吉凶一定冊中五六十圖要人看圖思索其所以然之故方能悟道方知葬地趨吉避凶之法若鹵莽浮蹤人視之正恐味如嚼蠟也

漢軍鑲藍旗西定侯[illegible]泰領李楠題于紿武堂

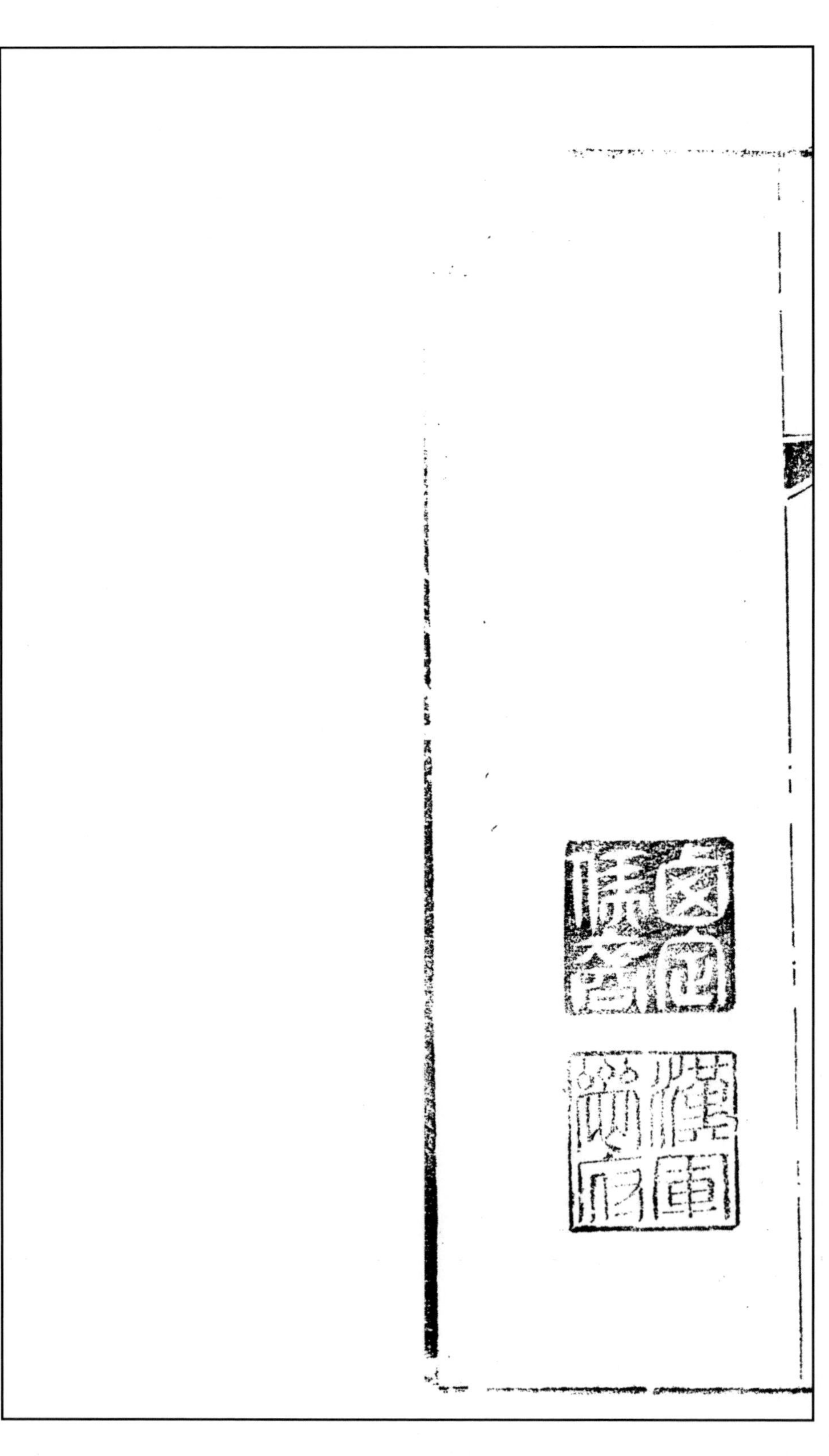

公舉善風水呈　宜撫院癸未題

廣西桂林府全州鄉紳士衿蔣綱蔣洽秀謝賜秀謝賜簡劉源湘劉侯齡唐軒等　呈爲公舉善風水人〇以報　皇恩以求國祚事〇自古帝王之興〇未有不得美地〇而能崛起大位者也〇歷代中興之主亦未有不得嘉陵〇而能光振先業者也〇民間富貴窮通莫不皆然〇可見善風水人〇不可輕視〇近閱邸報〇　皇姑來求看風水人〇欽天監內〇回無善者不思　國家平時〇

收取看風水人蓄養在監原以備巽日選用不可有錯悞現在監內無善者詎可安心聽其不善而不訪取夫善者以實之今本州吏目張鳳藻者身食廩餼志切堪輿傳得白玉蟾仙道運用造化之權掾在掌握乙卯刻地理四彈子直省風行十萬餘卷乙亥刻地理砂水要訣非但各省士類捧讀即粵西猺獞土司亦皆誦習討論現今桂林省城藩臬鎬桂官亦以及官家說來應驗如響其子張廷楨張廷樫亦然伏

祈
憲天大老爺廑念此事　陵寢攸賴　社稷國祚
關係非輕亟行　題請取伊父子三人收入欽天監內
預先畜養庶幾日後時術不得用假亂真如宋明二季
濫任匪人自滋　天子萬年曆數無疆已謹呈

嚴陵張九儀地理穿山透地真傳

男　張廷楨貞木　　孫　張允灼昭遠
　　張廷樱聖木　　　　張允熑明遠　肄業

穿透真傳說

凡事得真傳，必得真竅。得真竅，方為真驗。即如釋老二大聖，其真傳俱明白說在經典。人唯不得竅，遂不能入門。今地輿書亦然。余初好地理時，即失顛登人家墓上，便指曰某房發某房敗，某年利某年不利，方云真實孝向夫子曰汝知孝向要真乎曾讀先識穿山虎方行透地龍渾天開寶鏡金水月相逢乎四個二十字字字皆金針余对曰讀也七十二穿山六十龍透地金水日月用七元通通到山頭先師曰子何言之絲絲也渾天鏡內止有金水月相逢五字何嘗有七十二六十龍字様金水相逢在寶鏡中開眼便見何用掌上通來通去汝細玩先識字方行空空相逢字是言寶鏡中一串事依歌明言之爾當先識穿

山廿四局方行放棺透地者、、局渾天開宝鏡竅在金水月相逢人誠曉以鏡內相逢處造化在手任我推移印山川鬼神亦不以自為主持地有五局牽一局言之餘盡知已假如穿以二十四山此處山頭結成火局我開穴放棺透地以土者與外火來生內土名曰生氣曰食神相逢以吉便發科發甲作显宦已我開穴放棺透地以火者與外火來助內火名曰比肩曰旺神相逢以吉便發丁發財白衣做官已我開穴放棺透地以水危与内水去剋外火名曰妻才曰奴剋相逢亦吉便發財帛人丁為官祿享已我開穴放棺透地以木危与内木出盗外火名曰洩炁曰退氣㓙逢不吉便退才敗家漸〻消條已我開穴放棺透地以金危与外火来攻内金名曰煞炁曰破鬼相逢大凶便出盗賊犯人命殺人、殺絕滅已為禍為孩提在澤天鏡中穿之透之造化在我掌握古未以此道者賴布衣白海南朱宗陽蔡西山刘青田李浩

徽董治彰他如顯名地仙。楊救貧吳景鸞亦未得道

救貧說砂猶美女貴賤從夫是不知先穿後透之法

景鸞扦徽州府城以坤砂為五鬼貪砂為禄存兄求

為破軍不知以三處正府堂壬丙局大發秘處而認

癸卯庚之上起九星乃以為楊祖云得道白海南宋

時仙也明季出現蘇州扦十房庄諸地劉青田西湖

各處扦地李董徽州扦地皆合朱子蔡子詳定中針

人盤作用取外天盤內地盤一以貫之与賴布衣催

官篇相發明。善乎欽天監正楊長公曰。砂不清。雖得真龍不能得正穴。砂不清。雖得正穴不能得真向。此深得穿透之真法而為此言也。今畫一穿透吉凶公位禍福之圖而詳註之。以便學一知百云。

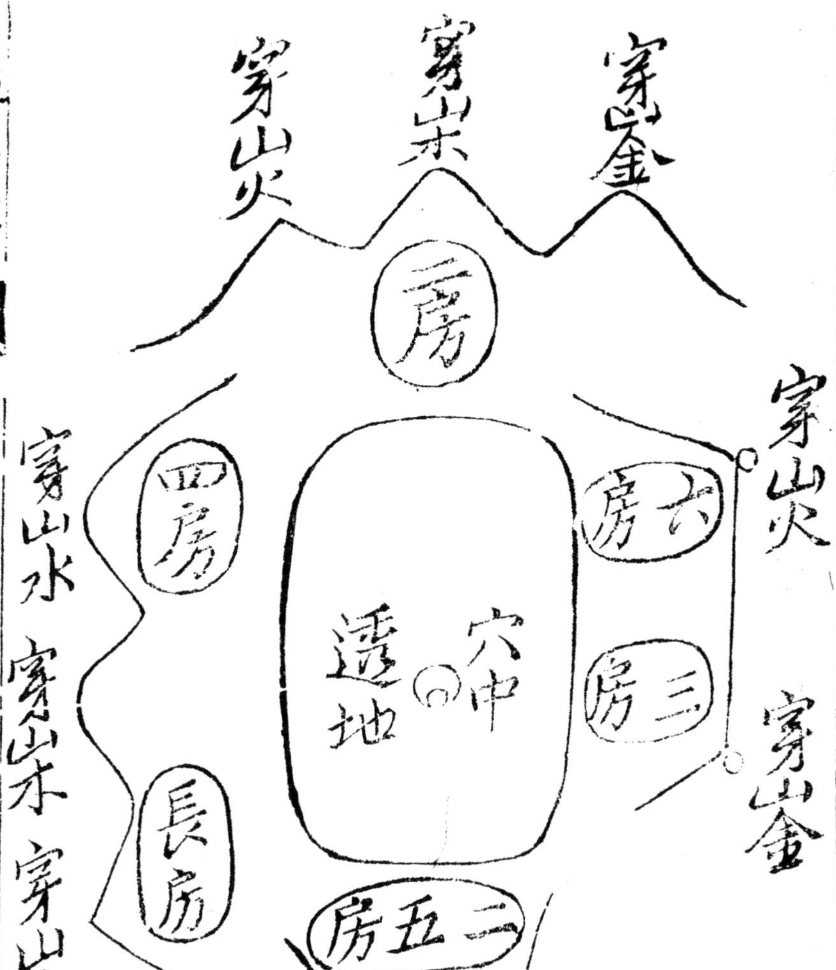

穿透公位圖

上圖二十四山中穿以三木三火二金一水所云穿山脈是也穿即養由基百步穿楊之穿虎者其行直如箭人立穴中向山頭視去其直如之也先識者言我已識以各山頭某山性火某山性金某山性水不拘泥山形尖者為火方者為土員者便為金也我既識以明白方行我穴中透地龍以配合之而禍福乃定透者言地氣透入棺也龍者委蛇曲折婉轉之物一透地乘氣時或耳或腰或腧或湧泉轉來轉去而

化也即圣人言老子犹龍之龍

何令通鉄彈子方行透地龍之法

立穴无尺寸之移受氣有耳腰之异分金有轉移之巧氣線无毫髮之差

窟鉗乳突吞吐浮沉穴塲天然已定无尺寸毫髮可移但四方山頭穿去有金水木火土變化不常透地龍內不能拘定五龍直向遂有巧异之法

衆子公位歌　二十四山內排

一子滿盤皆他管。二子左六長房臨青龍六个字前
後右邊俱是小朱雀六辛武六白虎六此処偏枯已
不分三子分公位朝坐二房輪六子排來三六右四
左空若前次第分二房朝与案五子主星憑
左空若長先絕右空若季令丁朝坐空虛二五難與
一案一主三長飄零又有青龍平而直朝山挨左最
娉亭長房寂寂漸消磨四子若恐萬里程如龍全沒
朝偏左吊入長房作龍星朝山空遠龍趨案次子忌

吊作朝屏三六与仲相吊法吉凶禍福依此尋

透地配合穿山法即見公位吉凶前后

左手木火水三砂長四两房公位○如穴中透地

得火旺○見木砂主發科甲貴显○見火砂主發丁

財富前○見水砂主出強盜殺人〻杀絕滅○若有

四房分木砂前半个主發科甲水砂四房主發後忽

然絕滅○長房分木砂後半个主發显宦火砂長房

主發科甲以大發旺人丁富貴壽考子孫繁衍此回

房尚有人也若四房絕盡水砂併來長房受累已○
○穴中透地以水龍○見木砂主消敗飄蕩龍脉
盛旺強大主出理學名儒名垂千古次之善詩文善
字畫名聞天下亦漸孤貧或假仙假佛若為真仙佛
真理學須生旺十分中稍帶一分洩氣如無錫高忠
憲公諱攀龍者讀孟子養心莫善于寡慾句曰何
不云寡慾莫善于養心此句深以仙佛宗旨然理學
長真之亦不振○見水砂主發丁發財○見火砂

主財丁富厚○若有四房主先貧後富長房更富○○如穴中透地得木砂○見木砂主大旺人財四房得水砂發人財後發益官長房得火砂發人財後漸〻貧窮○○如穴中透地得土砂○見木砂主出盜賊砂氣感旺強大出巨魁如方臘李自成張獻忠之類有水火二砂止魁身受累尚有子孫長四全○○如穴中透地得金砂○見木砂主發丁財巨富○見水砂主漸〻孤貧○見火砂主巨富百萬恐遭屠戮

如右崇朱祐明之類長房最慘四房則漸漸消亡○

右手金火二砂三六兩房公位○○如穴中透地以火龍○見火砂主發丁財科貢白衣做官大旺有六子主六房管无六子則三房管○見金砂主大發丁財止三房金火並管大發○○如穴中透地以水龍○三房以金火二砂主發科甲丁財大盛有六子則火砂六子管發丁財金砂三子管主發科甲○○如穴中透地以木龍○見火砂六房旁○見金砂三房

絶○○如穴中透地乃土者○見火砂六子發科甲久漸貧乏○見金砂三子貧窮如止三房主貴而不富受金累也○○如穴中透地乃金者○見火砂六房絶○見金砂三房有丁六房絶尽三房亦絶

朝案

木火金三砂只二房公位○○如穴中透地乃火者○見木砂主發科甲○見火砂主發顯宦乃宦資壽考子孫久遠○見金火主富貴久遠丁財茂盛

○○如穴中透地乃水者○見木砂貧窮○見火砂

主先貧後窮○見金砂主先貧後貴○○如穴中透地乃木龍○見木砂主大發丁財富旺發後非窮即絕火砂主窮金砂主絕凡人家不悠久者以此故地理諸書說以後龍而分貴賤以後龍而定世代如此自名地仙詎地仙有不得道者乎說到此天机盡洩矣○○如穴中透地乃土龍○見木砂主出盜賊殺戮○見金砂主貧絕○見火砂主發科甲兼金砂主發貧醜陋敗蕩子兼木砂主橫逆惡人出仕貪酷虐

民甚有以貪踏受刑戮者○如穴中透地以金危○
見金砂木砂大旺人丁財祿富堪敵國兼火砂忽然
横事杀戮不善终禍出多外
来危坐山一木砂二五兩房公位元五房則合朝案
坐山二房管○○如穴中透地以火危○見木砂重
發科甲人丁日久漸孤窮五房獨以一木元他砂比
助止貴而不富日久漸絕若止二房則朝案山有比
助元虧已○○如穴中透地以水危○見木砂休囚

或清貧假道學或字畫伎名。○穴中透地乃木局○見木砂大旺人丁財祿世代悠久且屢出白衣显宦。○如穴中透地乃土局○見木砂葬下即絕。○如穴中透地乃金局○見木砂重葬下即富乃横財人丁大旺傳世久遠亦屢出白衣显官

已上排公位雖吉凶皆是先識方乃內細工夫。人皆不識此竅從火局穿山而透金局金局穿山而透土局求福及禍。趨吉反凶。是以寶鏡名曰渾天以其

包天包地而為言也人誠曉得此鏡方曉得金水月曉得金水月方曉得作何穿法作何透法造化在手山川鬼神皆所命于我已庚酉朱氏堪輿一貫第五卷乃看地之体今此穿山透地之法乃看地之用有此用而得其体技云全已然知用不知体不過発福藏種知体不知用竟受禍而莫解余看一貫書朱氏葬親地圖末曾登山披圖便知二房要絶誰知絶者即刻一貫人也朱氏子孫問曰既要絶何葬下即貴

显。余示之曰。初年貴显者。旧坟佑庇也。葬后十年外。新坟管事。倏生灾。已山頭禍福之叔。唯用椽之朱子胸中不知用為何物。死乃自葬親自絕祀。世人鑒之可不慎哉。○○或曰。據子言皆一定之理。然吾曾見青木空遠殺浅而長房富貴興旺。青龙秀美生旺。而長房人財平庸者何也。余曰子但知近。而不知遠。知目前而不知已往。夫如此者。乃其祖坟及曾祖坟旺定。公位背其父而生。此人若凶。人去世則无不应也。

又曰。子程子宋大儒也。說止求父母安。不必拘之云。

余曰。此迂腐之談。人皆不知此道。付之無可如何一手。々幸知此道。因而精究之。俾衆子皆得康寧。詎非美事。出朱子答蔡氏俊元此言。〇諸書止說水路理氣。錯々不一。不知山頭上理氣。辨別何房興。何房敗。何年利。何年不利。乃看地之骨髓。然山頭上不易看。有高低。有大小。有遠近。有長短。有清濁。有豐嗇。有肥瘦。發代元窮。今略舉數千地以示例。神而明之。存乎其人。

穿透真訣

十一

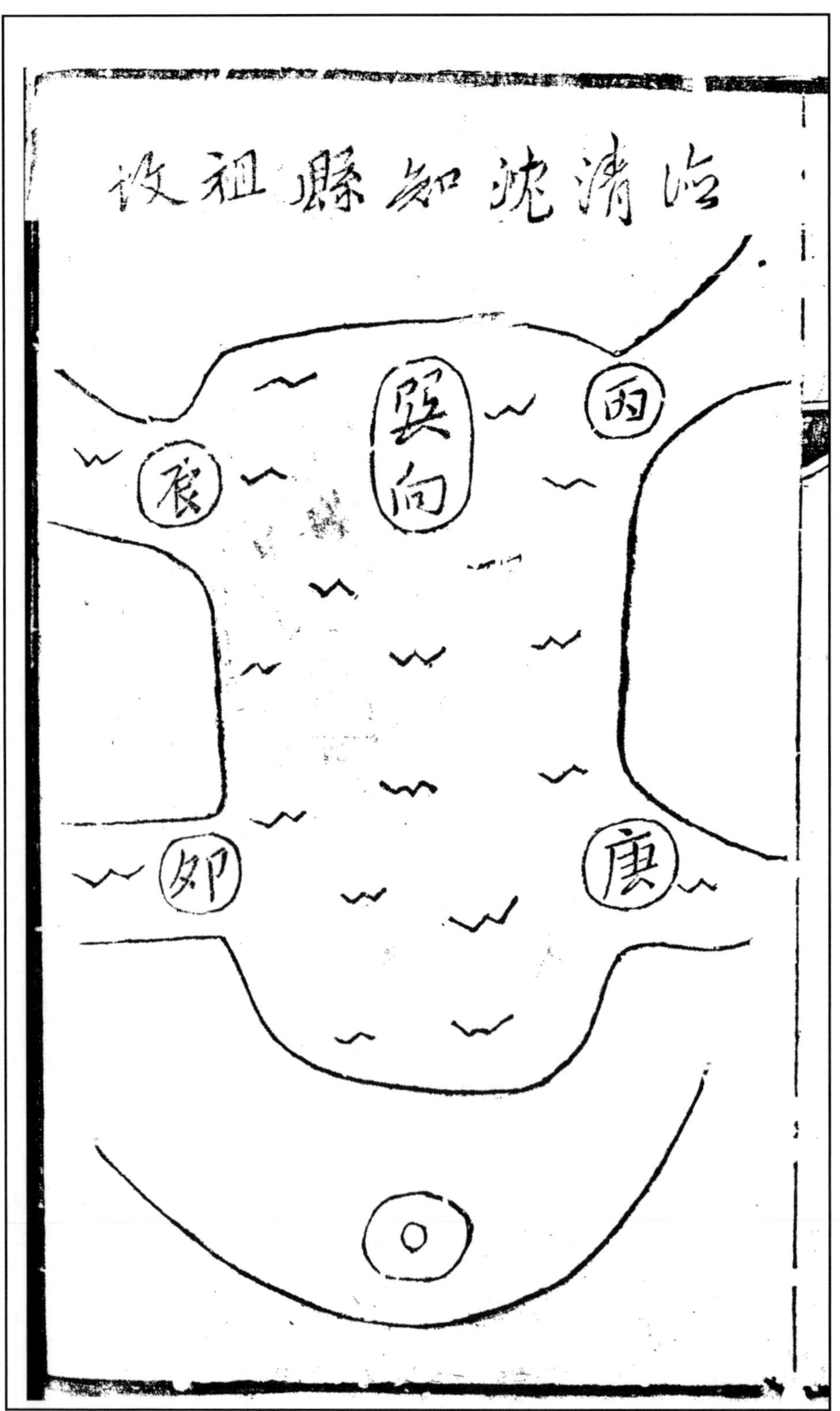
治清沈知縣祖坟
巽向
丙
辰
卯
庚

賴布衣說裝水一句能救貧言水漾地盤裝字上出向流來方為真裝水名兼巳犯八杀兼辰犯文曲便非真裝水沈清洸氏虽窮而其封蔭猶以為未足言裝水不能救貧余時飲茶停杯思之必然兼辰詰之曰有犯虛怯症者乎應曰長二兩房各犯一人次日到墓覩之乃是裝向非裝水也而辰雖來其應不爽如此以裝向作裝水時術通病此皆不知水看出向之法故也

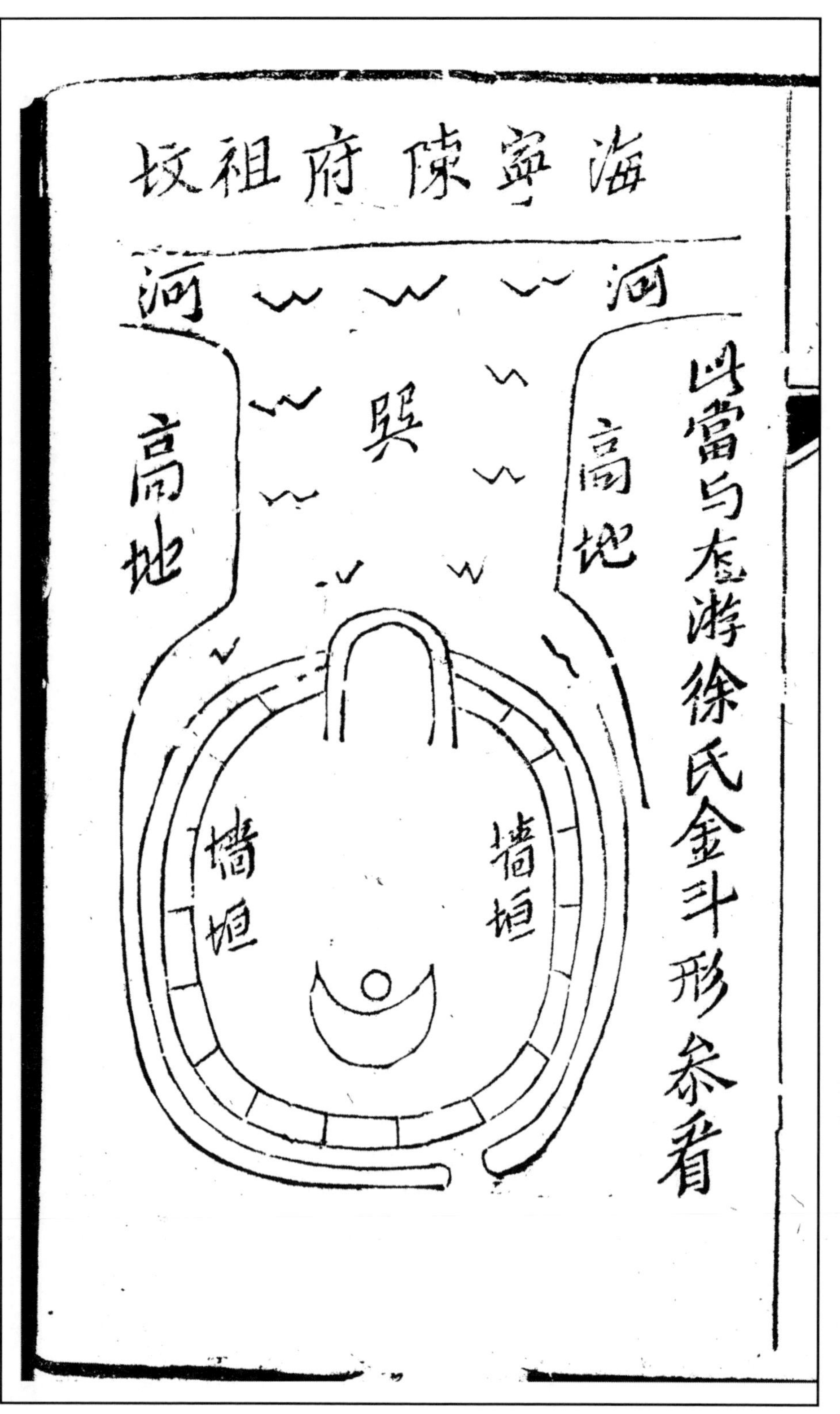
海寧陳府祖坟
河
河
界
高地
高地
此當与查潛徐氏金斗形參看
墻垣
墻垣

池水有三四十畝大深而凝蓄固發大富數十百家但不非巽照巽水誰知四圍砌墻前開一门入立墓碑前港门中看出去止見池水中心是巽字也所以中出甲第發國作法之妙有如此○余初登穴時見坟後一墩以为弔陽發砂其力亦重但垣墻遮住外氣何以發穿相提兵尚書翰林御史存胸中數十年及後在沈坟數其砌坟门清巽水乃悟此砌發墻垣蓋聚内氣以聚巽水其力果重

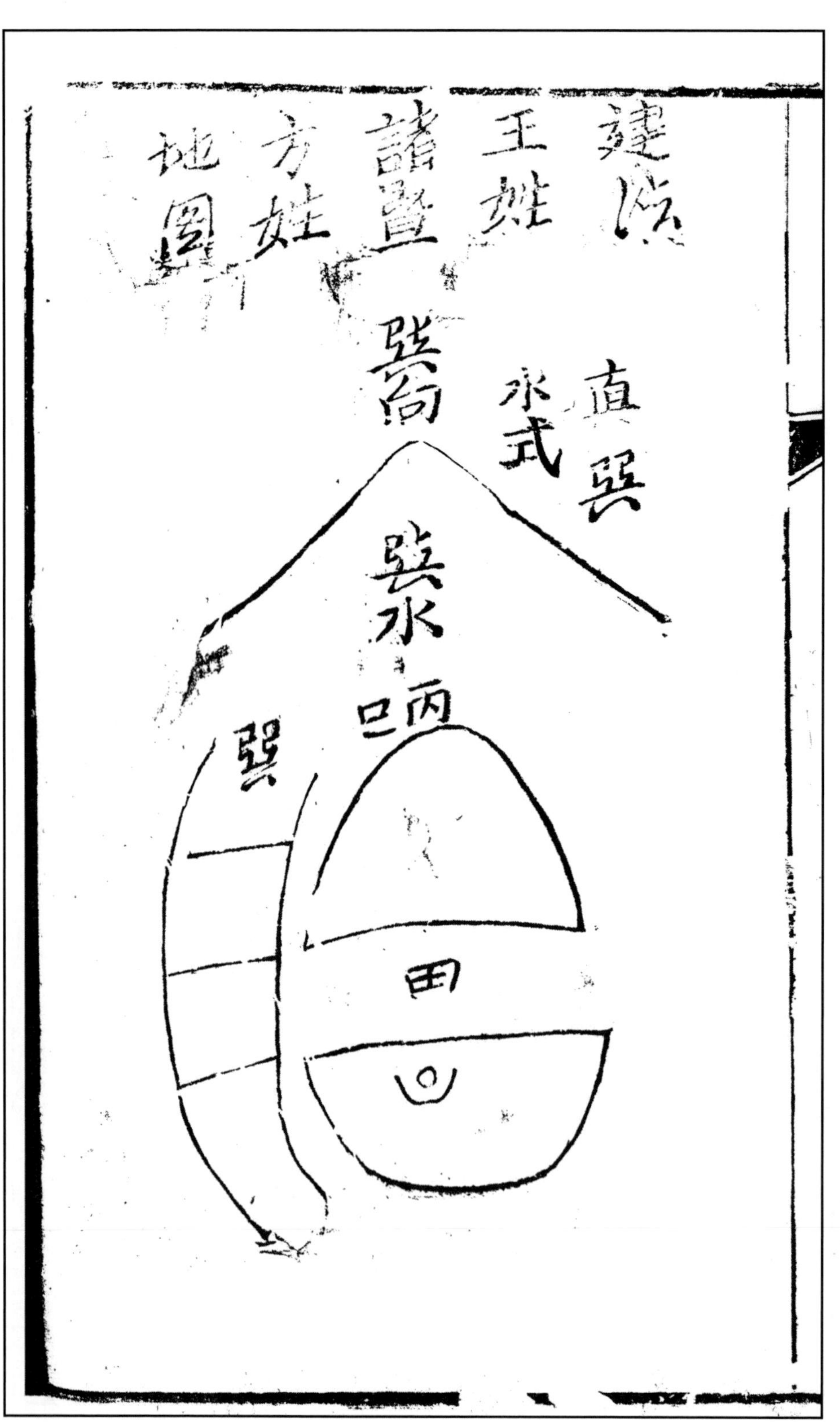
建德王姓諸暨方姓地圖
巽向
直巽
巽水
巳丙
巽
田
山

有兩家全一地形。真巽水凶乃最美者誰知巳向
地盤以七丙三口以巳向去剋巽水向作水之八杀
遂犯冷退諸醫家〻財漸〻消敗出二乞丐建沁宗
業医〻遂亦行誰知不覺冷退老夫老妻竟公餓死
其子附葬改正丙向遂復旧業医道大門合三地观
之甫星便讚歎其驗如神。向水相犯有向剋水者
有水剋向者有水剋水者有向剋向者共四病詳後
楊救貧宝照十四向內

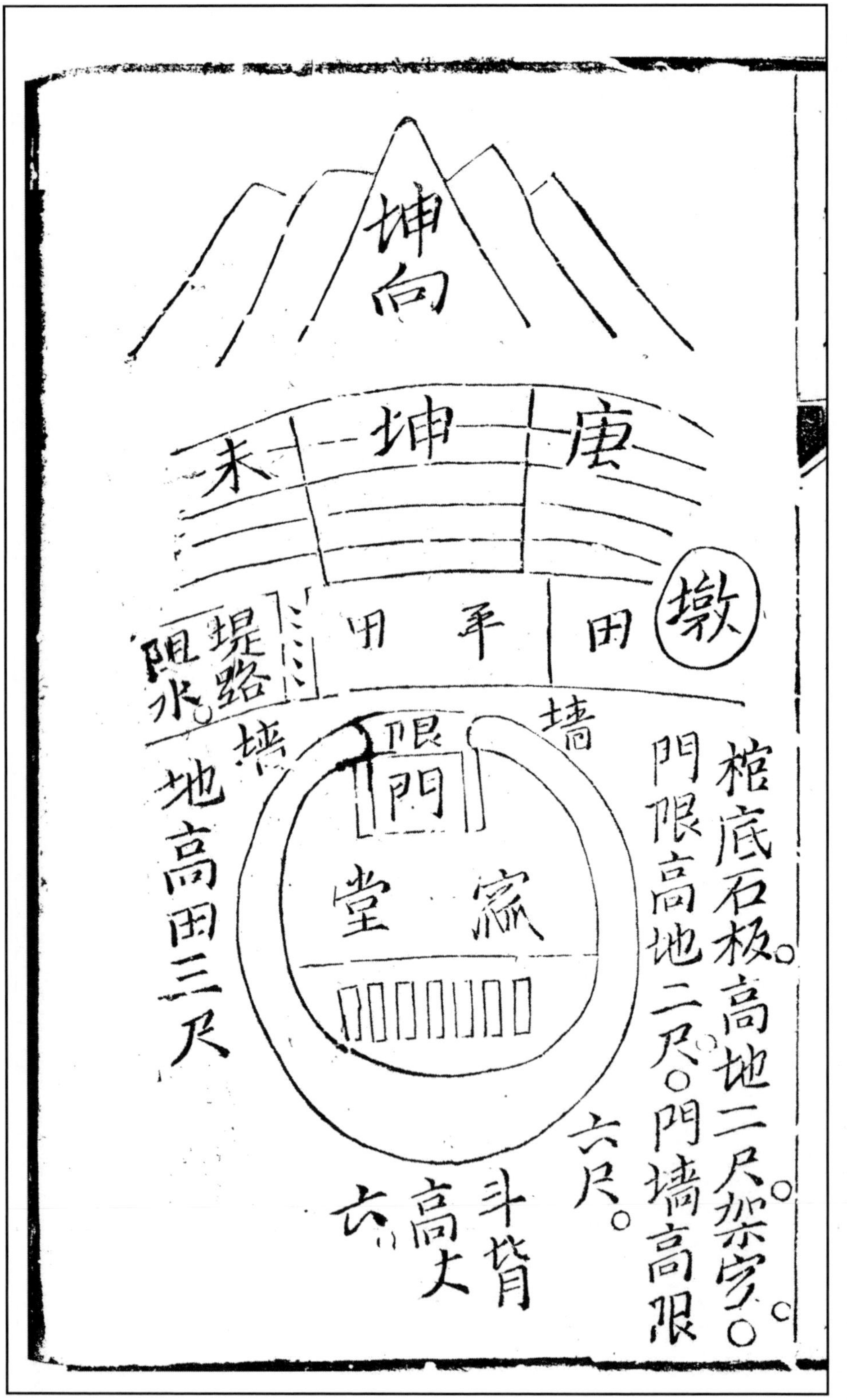

坤向
庚
坤
未
墩
田
平
田
堤路
阻水。
墻
限
墻
門
冡
堂
棺底石板高地二尺。架穵。
門限高地二尺。門墻高限六尺。
斗背高大六。
地高田三尺

在自案上來滢斗門上高地、大二百畝餘白先生郎
滢在身起処點穴然地指蕩漁撒逆潮背後又空乃築
土成斗形地勢低而门限高名葬在地則門限遮住
來水乃架起石板排葬七棺入立低堂滢门中看出
去止見坤申水層、朝來左墻遮住丁未水右墻遮
住庚酉水直高手也所以巨富祖庚宮命後孫亦庚
宮又戊申命亦富徐次典曰何以宮申命吉余曰此
局催官在四生向曰巳命談全吉余曰巳犯三刑宮

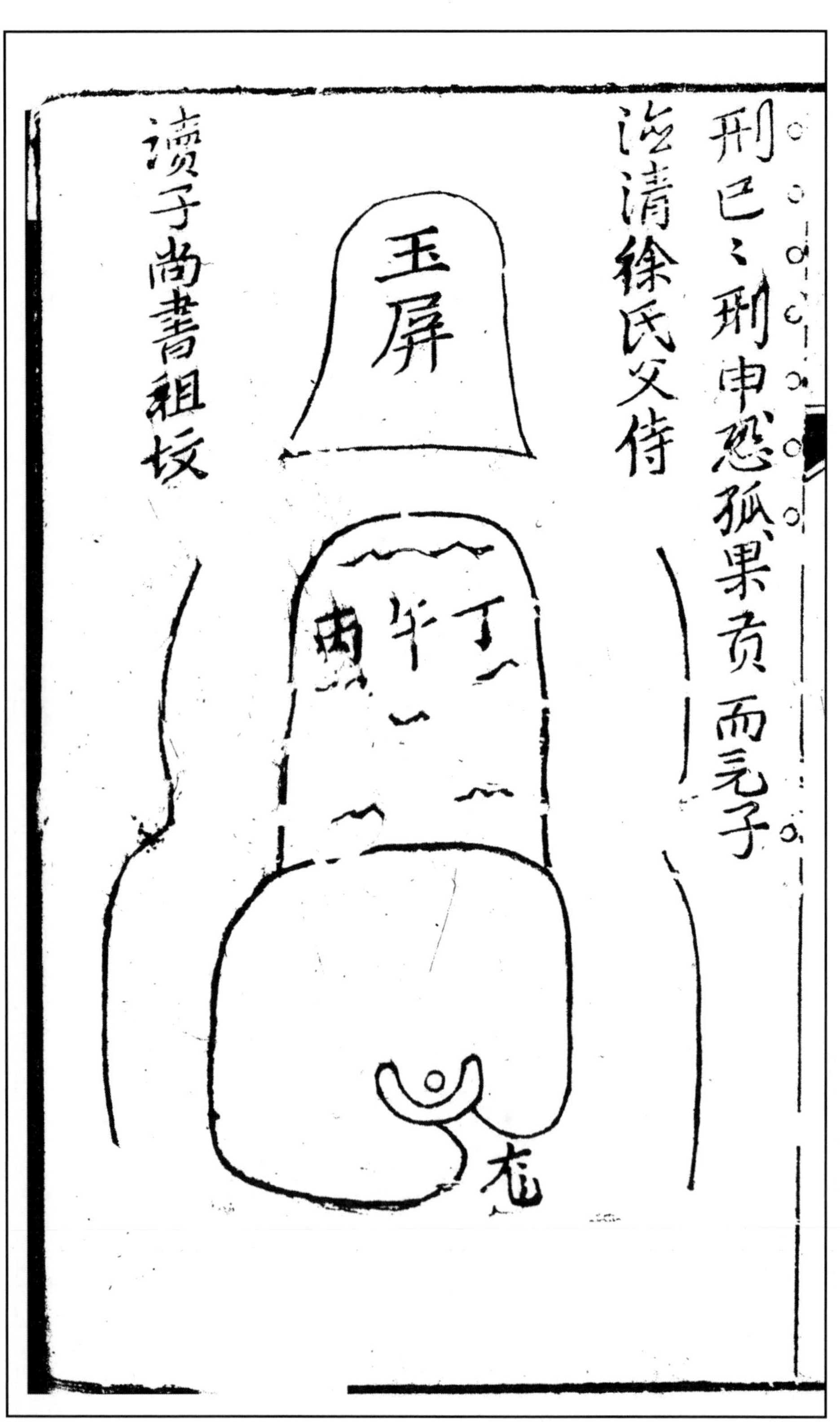
刑巳々刑申恐孤果貢而乏子
浛清徐氏父侍
讀子尚書祖坟
玉屏
丙
午
丁
龙

此地丞屏三十里遠二房六代後火燒戌午壬戌發
迴撥扗直長房清初以一大地只六代後壬子癸丑
發徐方佩名偉侍讀斈士子静園名元正戊午乙
丑發工部尚書只火燒兩次洪坤人家祖墳皆对玉
屏而独徐宅發者以不能如此地穴塲紫顶有氣富
暖可愛吐出餘氣二十餘丈作案抵住丙午雜氣明
堂水聚天心也余時登穴說此地上好又不好衆皆
問故余曰好者定午戌年發科甲不好者遲到五六

代火燒方發也。

治清許氏麼地

庚向

坤申

峽龍

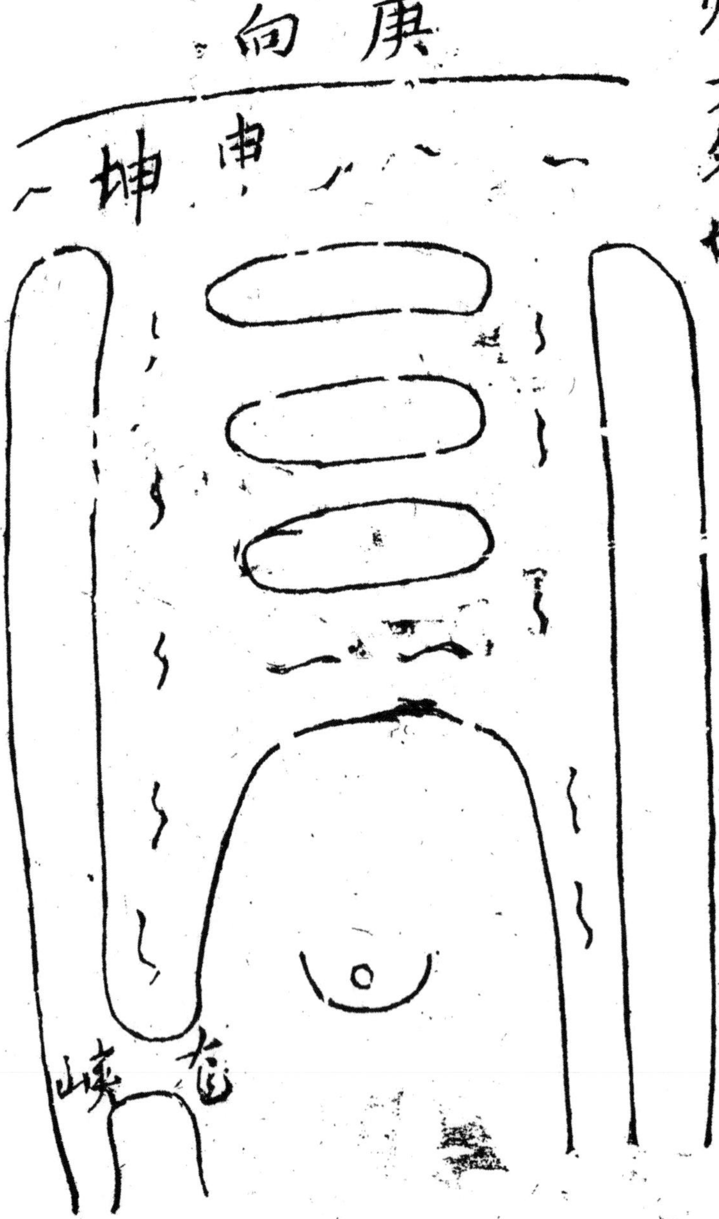

此地。穴面上五條木星。名浮排形燕火局。止出理季。其藏葬土局。并能稱甲浣濟。一美地也。唯。人。不。知。葬。法。再中。條結穴左右各二條。只大浮出水面。堂中橫排三不形。如乾卦。以作柔如此出頭可多得耶但此地。与後徐氏祖坟。今立庚向。今是坤申水而余許氏斷其出少亡。徐氏斷其犯盜賊。今一坤申水而斷法各樣。許氏果出一少亡。再犯第二个速力遷去徐氏犯劫盜七次。且有做之者。俗術共駭。不解其故。余曰。

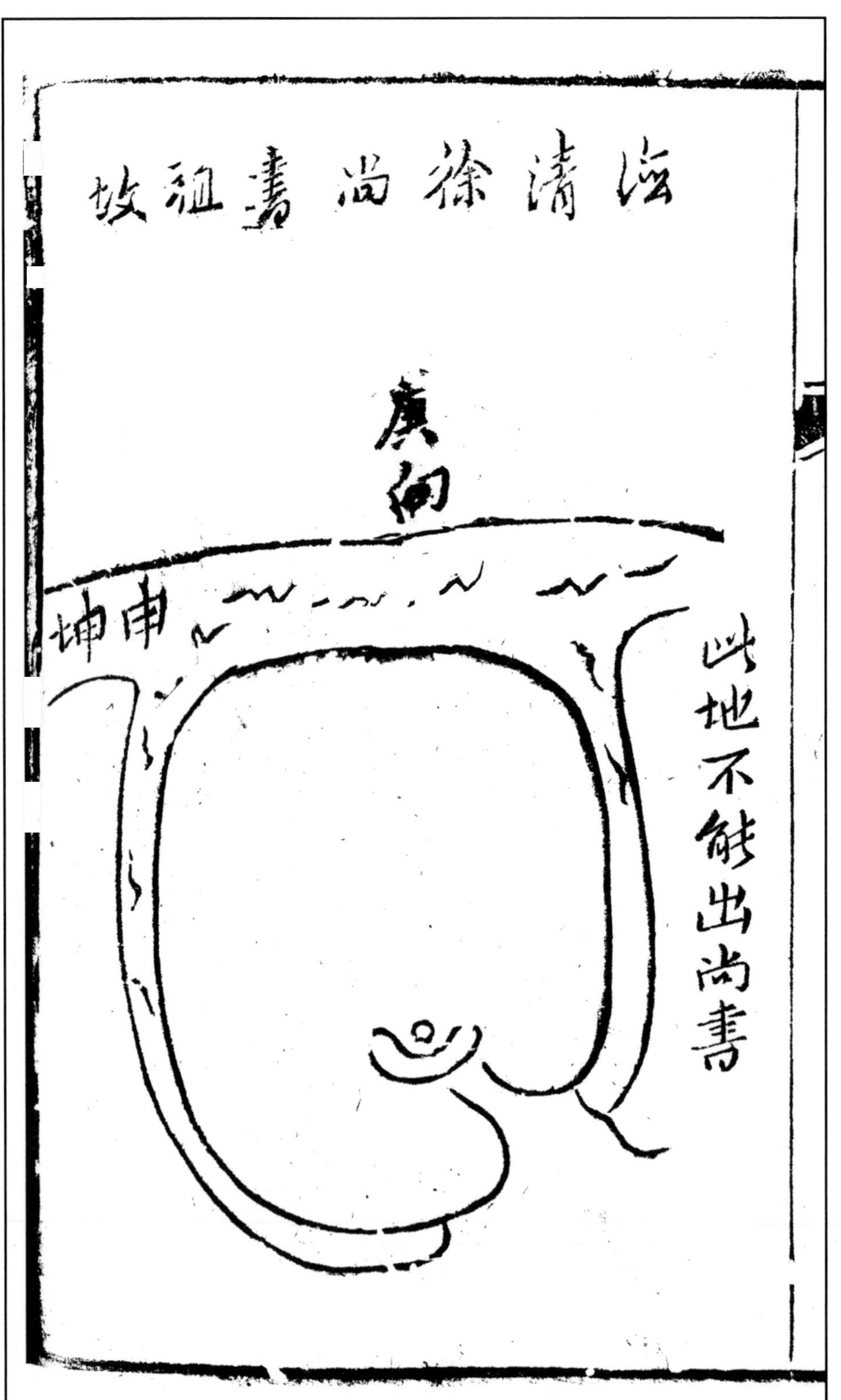
臨清徐尚書祖坆
庚向
申
坤
此地不能出尚書

諸君看水法不肯細心今別書云水看出面又云水看源頭騍子遊于溪澗山洞中看源頭不知水之出面処即水之源頭処所以靈心賦有前進後退步量之說許堠水出面是坤字庚丁坤上是黃泉所以出少亡徐長水出面是申字庚申屬天星觜宿在焉是天賊星向與水合局則吉為大將斬砍自由分野漢時匈奴國主之所云旋頭星是也水與向不合局則凶便為偷賊殞盜庚向申水為八殺南星水法為破

案。不合局。砂仍重則傲強盜。輕則夜間常被賊偷。

此發長四兩房偏也曰四面皆有砂護何為止發長四、四独不開眼看手案砂低又小又遠雖有与元全已得砂虽近然低薄不起尖峰為左砂欺壓故此二三兩房皆不發禍惟左高厚以亦有势所以長房發若有四房又要看其情勢趋向前去則四旺趋向在後則長旺不可不辯。三樣看法此第一樣看情勢後第二樣看山光秀媚之气再後第三樣看理氣分生睡杀洩看山左宜如此看平陽平洋左宜如此

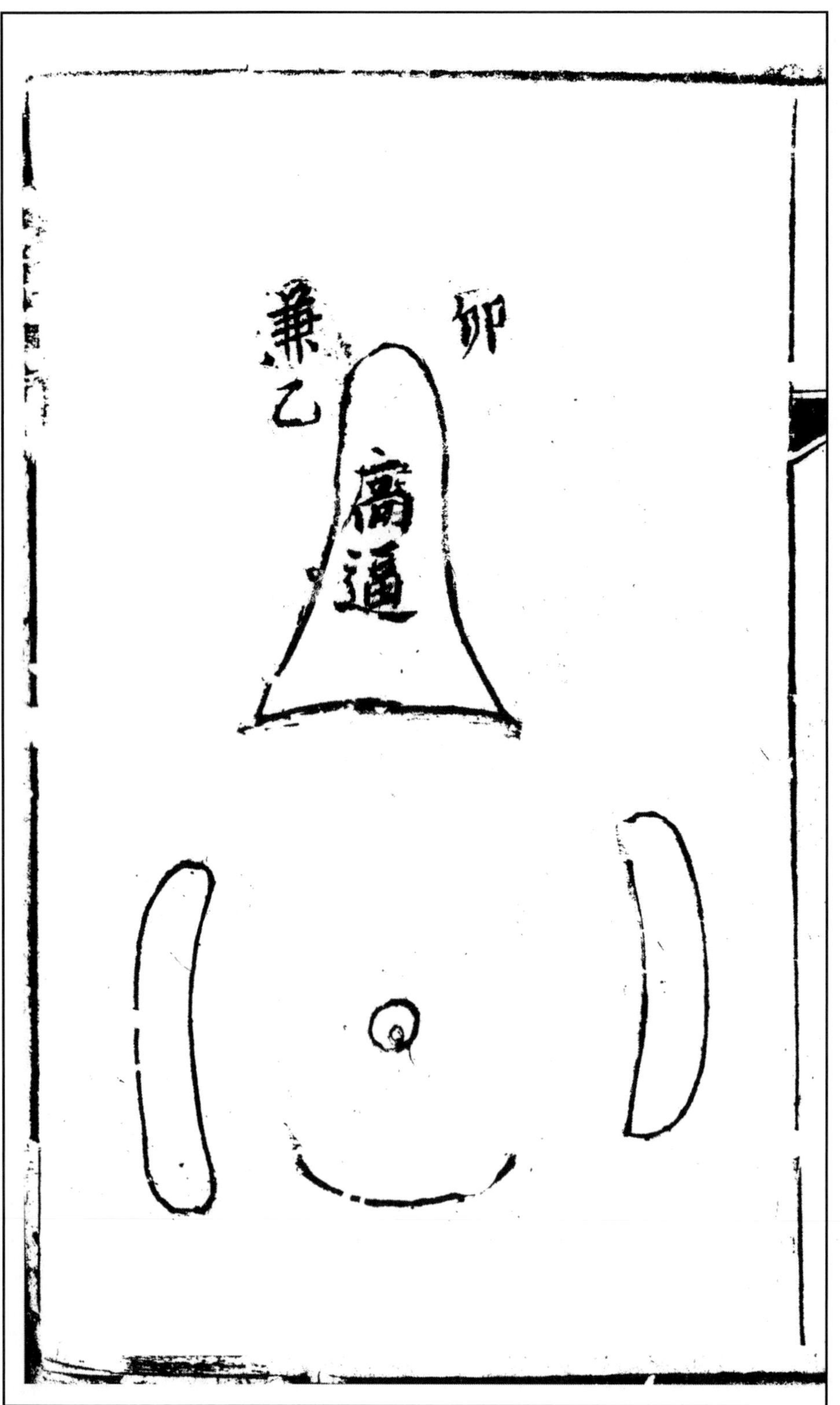
卯
兼乙
窩通

朝山高大壓穴只發二房左手龍砂細薄長房孤弱
即近亦无救也再若加遠須絕右手虎砂形亦高大
三房宜發季離穴發朝山差遠即發亦遲有六房則
三房絕六房發且久凡砂形高壓穴場開面有情者
速發人丁財帛且旺盛若是生氣便發科甲其絕滅
者逆是殺砂壓山形有情也要發福一番而後絕也
云朝山逼人丁絕非也○此張姓坟今閱五十年方
悟此穀隨後閱西湖南高峰脚玄武壁立數千仞葬

不多年癸吏部侍郎湯右曾先生

二十丈

十丈

龍虎一樣高大、宜長房二房均發。離、知左砂離穴十丈右砂離穴二十丈便止。發左砂。若有第四房。則長四兩房並發。已左遠右近、亦仝此推。

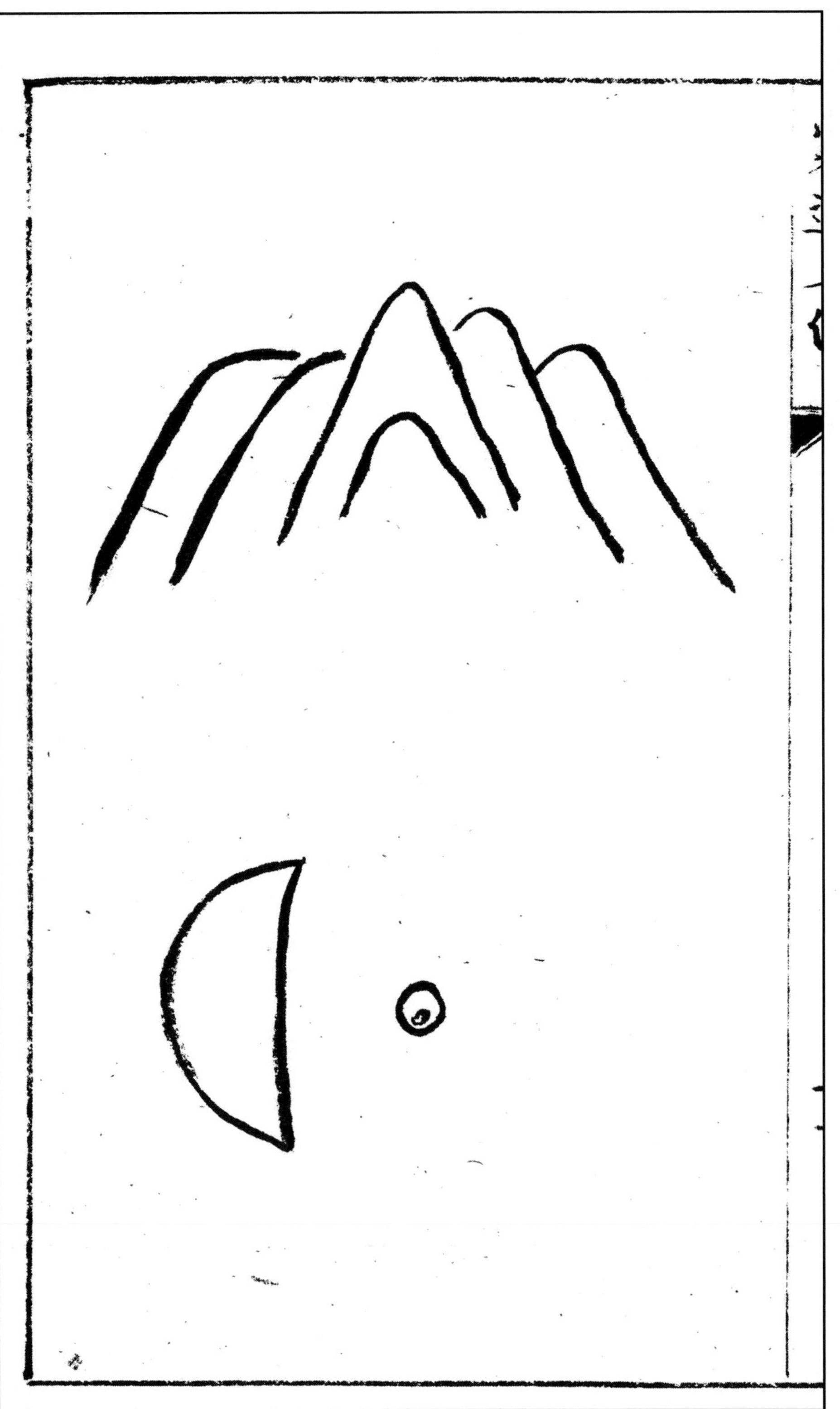

左手砂雖小卻近穴緊護窩壙長房發已若有食神生氣便發科甲朝山尖秀甚美但去穴太遠發外門去二房發女貴便衰長房發女貴不衰

凡事要有根據二房元近案空遠元根據已照朝山卻二房最秀美宜發今元根據是猶瓶中插花安能久守長房有靠身青龍根深蒂固所以不怕盜洩

凡地犯空字遠字是大病欲救之須築砂然築砂之法世人不知

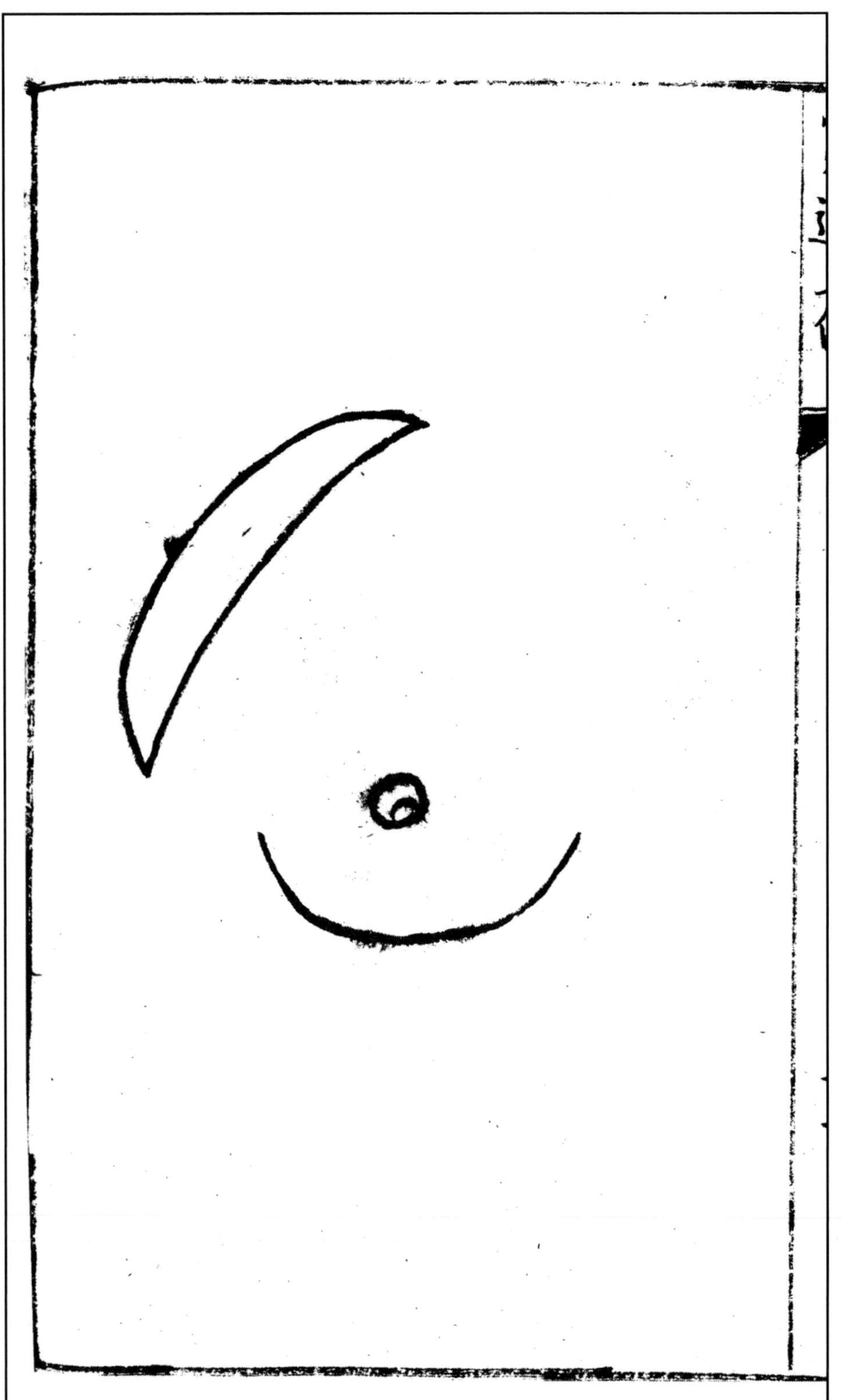

東南角上一宮長砂長房二房並發幾四處又要看形勢若近南去勢趋上前則二旺若近東來勢趋左後則長旺若兩頭均匀不分强弱而山光秀媚之氣趋南則二旺趋東則長旺。。東北角西南角西北角亦難

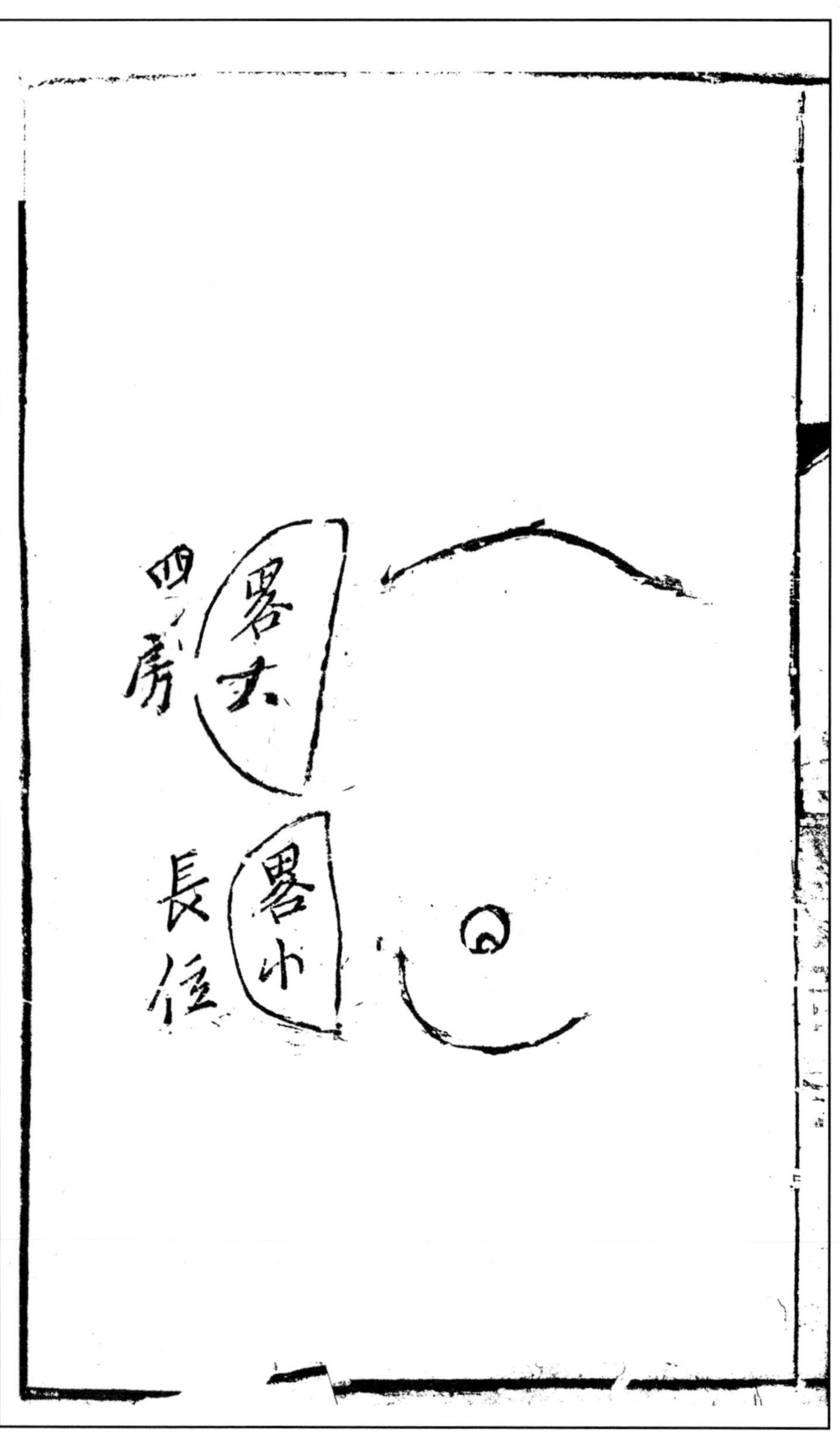
四房
長位

常州曾見一地六。四子內青龍外青龍各有砂一塊宜長四兩房並形。誰知內砂最近穴却粗又小于外砂。而外砂精華文雅却離於內砂。內砂遂為外砂奪去。西房大發長房消敗。宜頭中一高一低。高者發一遠一近。近者發一濁一清。清者發一小一大、者發皆以強欺弱之極也

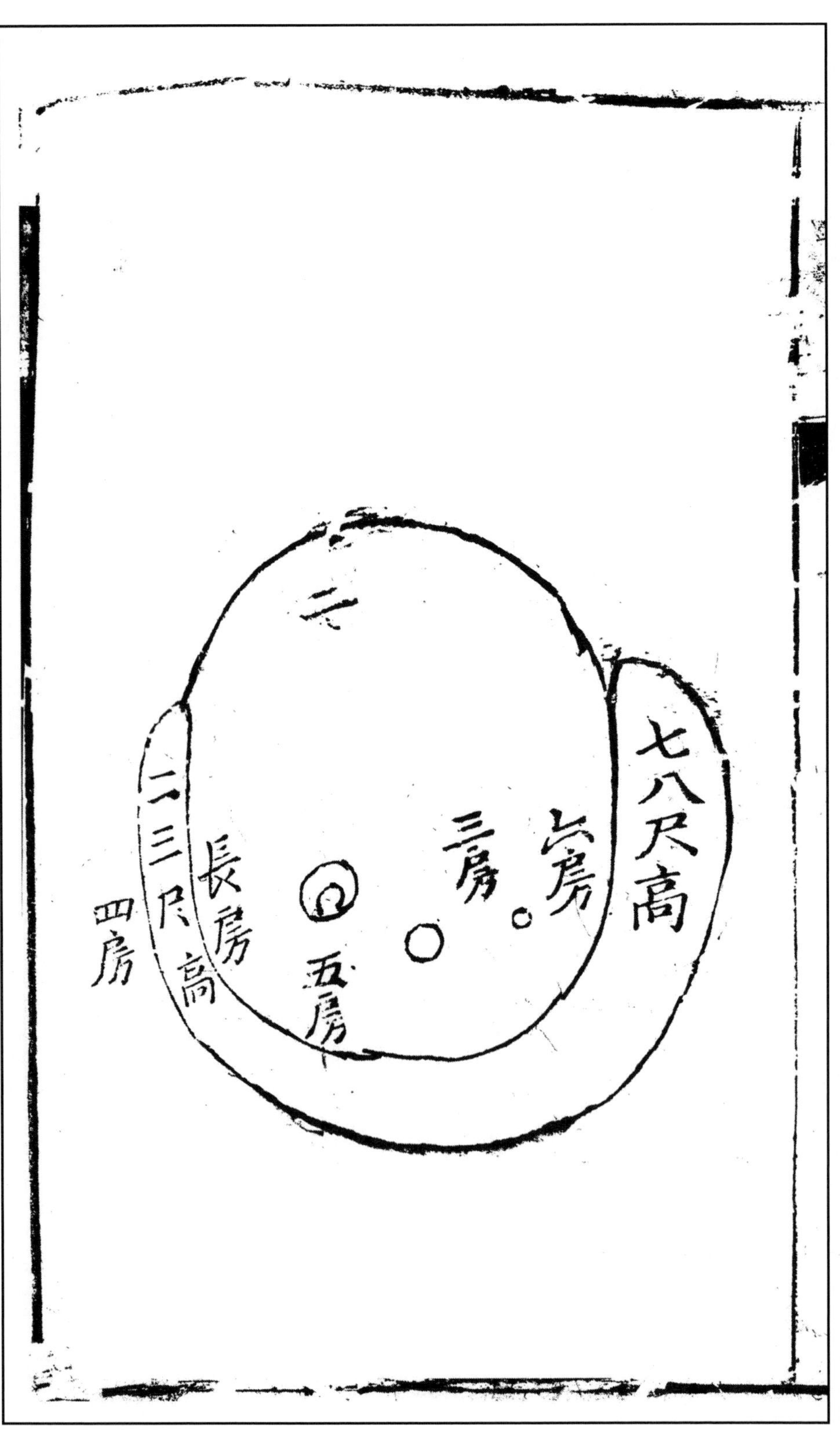
七八尺高
六房
三房
長房
二三尺高
四房
五房

常州覺平陽一局亞穴居中各房平平忽有六子為左手附葬後六子大發家何也以左砂關穴七八丈右砂青龍右砂關穴十二丈較內青龍差遠遂為外白虎外而六房嘗形勢高聳于內青龍是六子公位上砂盛旺所以六子遂發白頭公位之砂形此而長四三六公位俱有兩樣有近身側星長三上房遠身星四六者有內一層是長三外一層是四六者此地六房發算外一層

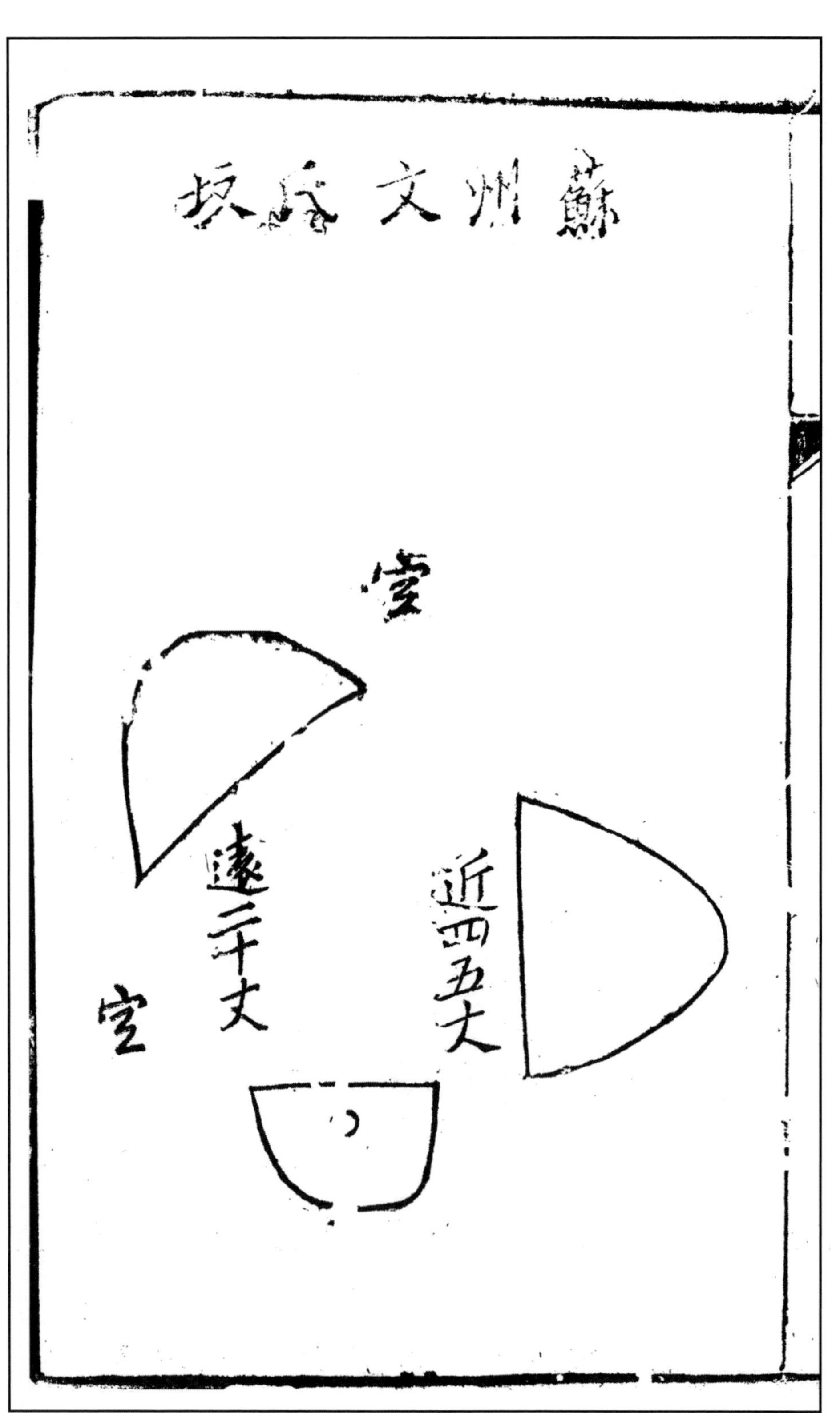
蘇州文廢坟
堂
遠二十丈
堂
近四五丈

此坟長房絕二房亦絕三房睦相窮貴四房平平要四房則二房不絕若高按註再起勝三房彭倍則二房睦相、房遜平平六房亦絕五房穴背小墩郤護亦發

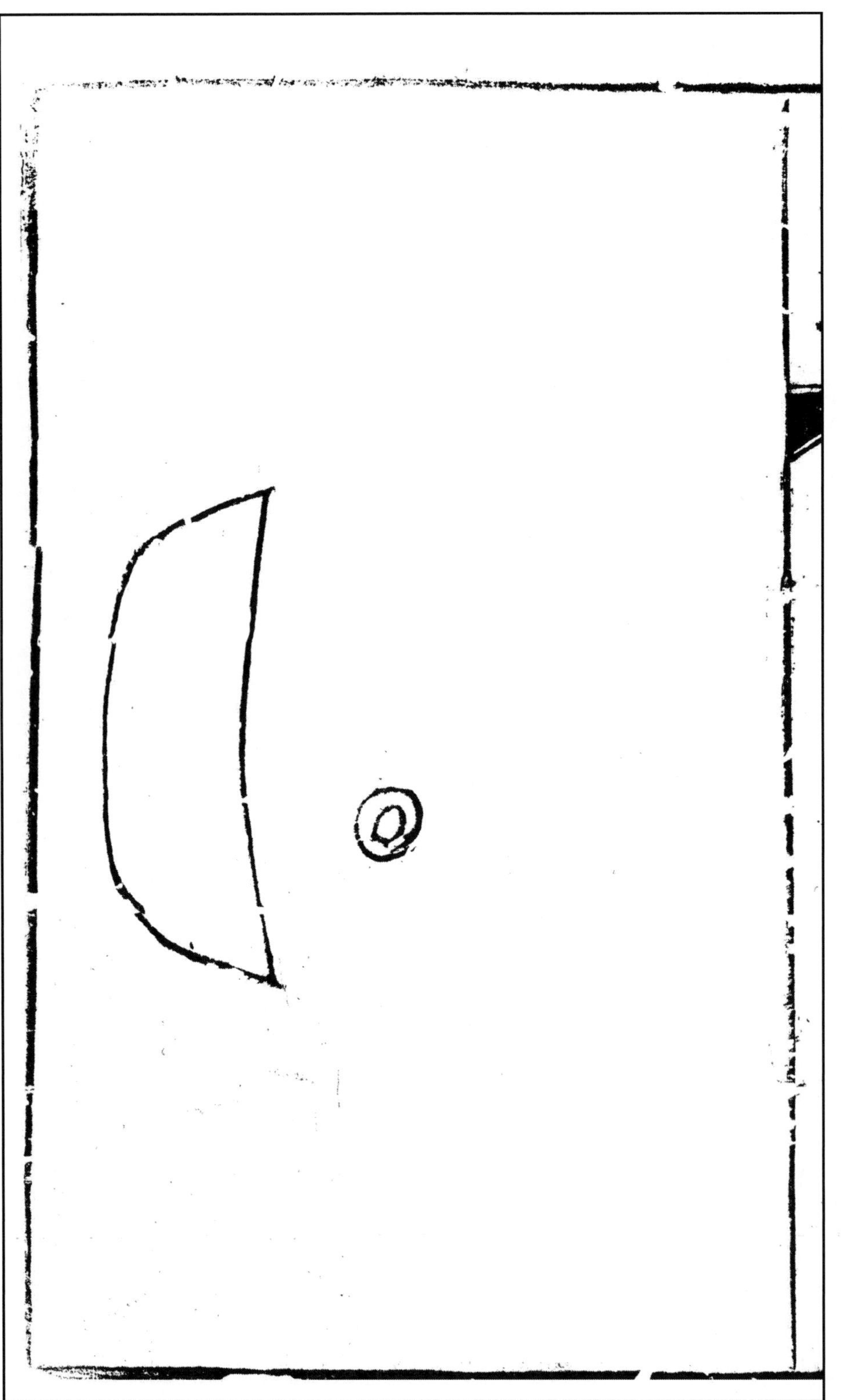

若六子止有長山兩房好然形勢趨上前四賍形勢趨左後長賍若端正中立不動全无偏欹則看理氣穿山生賍左前則四賍長平穿山生賍左後則長賍四平餘房俱絕○此看法諸地理書皆未曾說着否

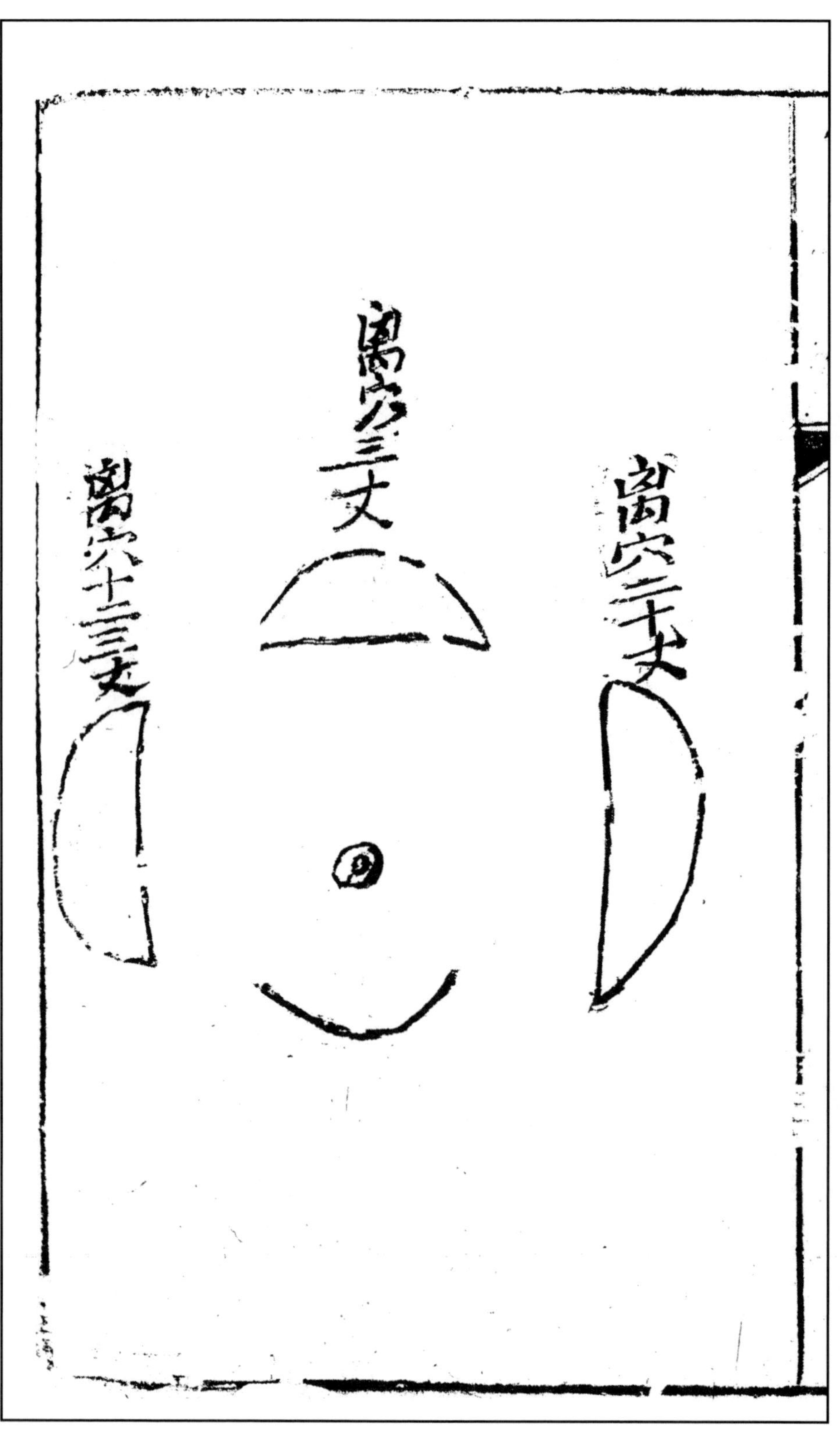
闊穴二十丈
闊穴三丈
闊穴十三丈

如此三塊砂三个兒子後三房均好而止發二房者何也以其案砂近故也虎砂遠多三房先絕龍砂遠較虎砂稍近長房後絕○凡砂一去穴五丈一去穴十丈便以五丈者為實十丈者為空此以遠近論也一砂身高五丈一砂身高十丈則又以高十丈者為實高五丈者為空此以高低論也高低看全州唐氏墳遠近看穭州繆氏坟低空而近尚元大碍若遠而空禍難逃

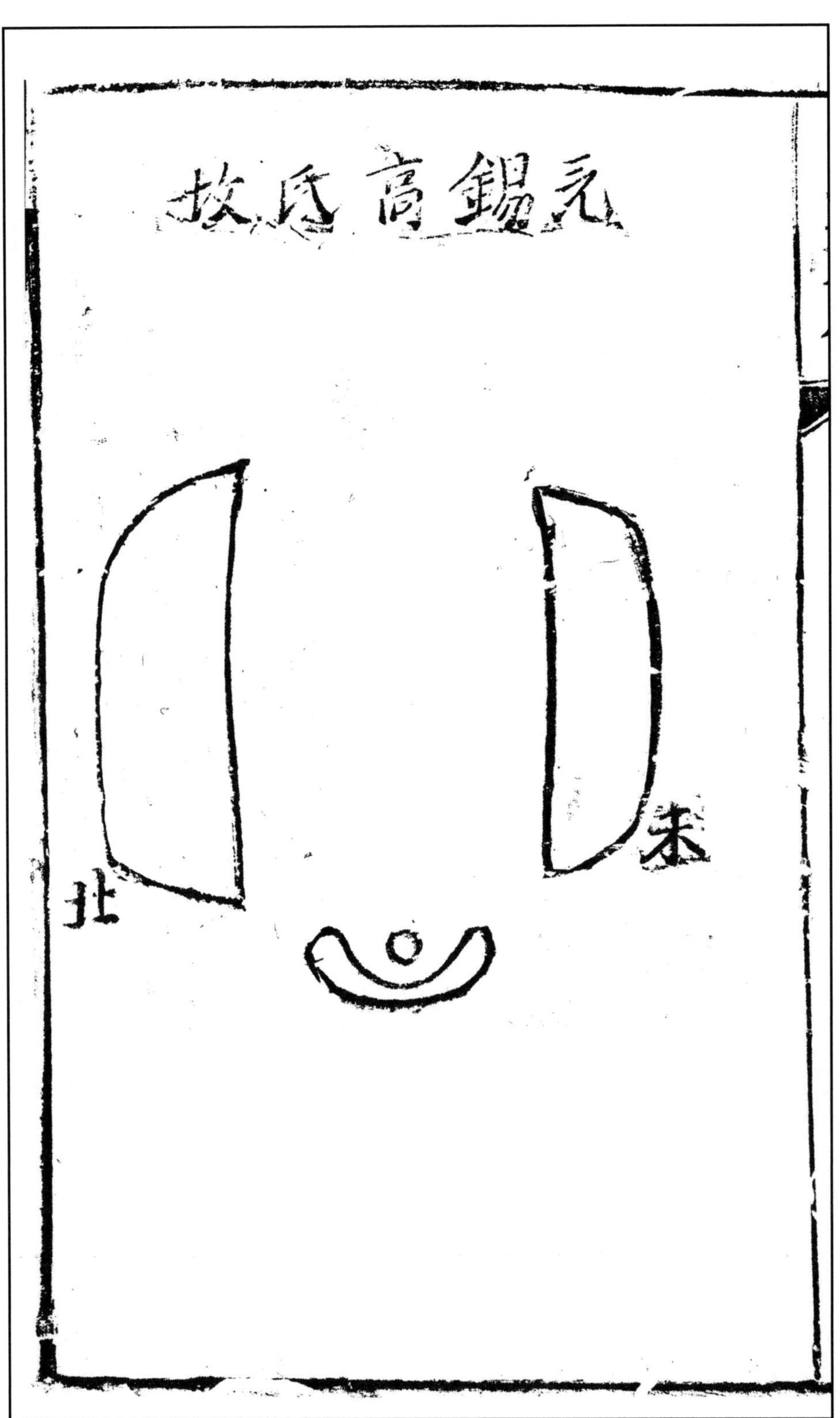
元錫高氏坟
北
未

龍虎均勻宜長三均發殊龍砂較虎砂高勢大息勢十大遂奪過左手菜止發長左手催官在丑右手催官在未亥丑未各發一人乃未竟不發而丑年中兩進士甲戌年數其丑未各中一進士乃止發丑不發未不解其故遍閱地二十餘年各家祖墳考驗之得時宜微可見面頸方重然畢竟丑肩清楚未肩稍模糊。

廣西全州唐氏坟

稍高

畧低

高地

低地

旗形秀美固是穴旗悠楊飄動旗頭纏入坤宮亦忞文元殊旗後又起一旗頭乃纏丁未今野較高四五尺遠特強而奪之壓住坤砂止發武解元武舉未也郡又兼丁可惡遂少壽貧弱穴頭中以高為強以低為弱以近為強以遠為弱特勢相奪如此。如此看地法歷來地理書道及否。此地謝撓三要次我余戒之曰看地時不許旁人洩露唯寂靜齊完直言直斷方有趣若耳邊嘈雜便不能照穴頭說

秦氏龙尾山

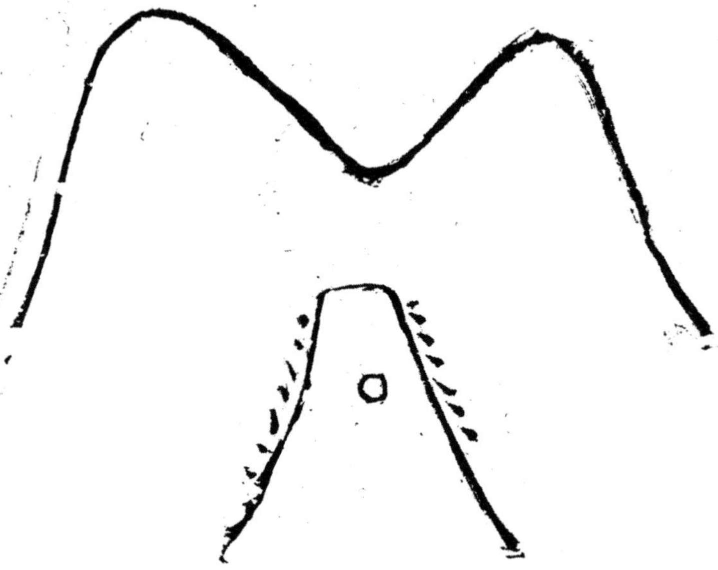

山頭以高欺低以強欺弱大小地皆然今有一地坐坤向艮龍從坤峰背後來高起一坤龍伏下再起一申砂穴場從坤申兩山界水中出來生氣在申旺氣在坤正向子午癸料艮午癸甲乃坤峰恃強仰午癸料丑未午癸甲以旺奪生者何也蓋以坤峰是來龍為力既重而又山頭山向全逼穴中申雖生砂却從坤上過來又低丈數精神情意不及坤之高逼也

元錫李氏祖坟図

高丈多

高一二丈

低二三尺

高二三尺

穴後土墩高丈餘

此地在无錫东鄉四方皆高起所以發族唯左手近穴处低二三尺長房遂弱○无錫非平洋即平陽皆以高厚处發稍低薄处衰敗与五為奇書内蕴講僧所説之法相没紹與寧波盛传蕴僧所扦地大發後余观其數地並无憑據心疑其另有一道及细考之乃皆後世子孫扦得山在美地而發陵氏子孫述之甚详

蘓州繆氏坟

龍脉直下処王姓坟左手偏坡是繆坟

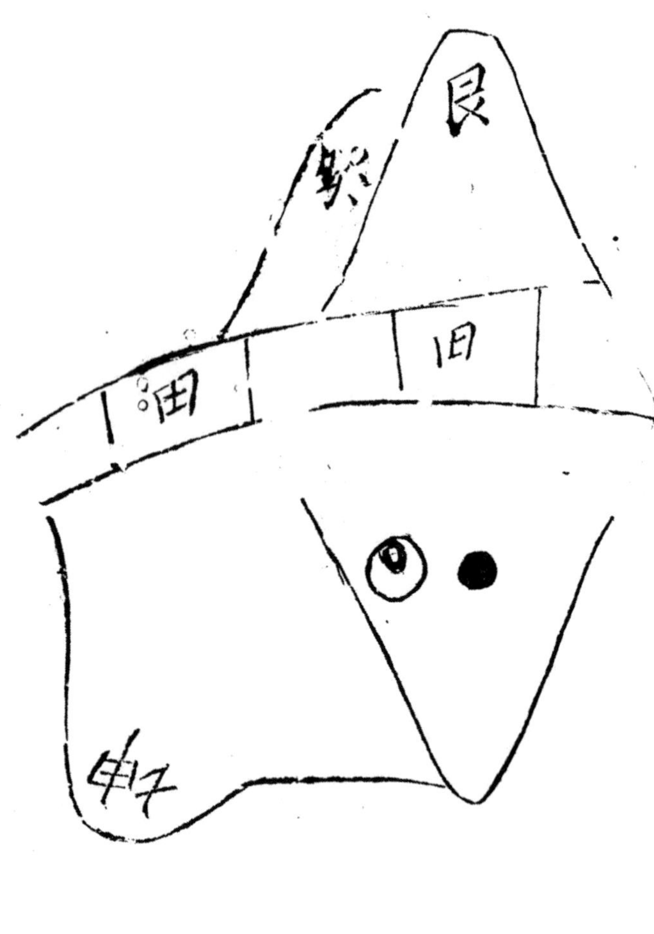

岳頭恃勢而奪發者前金州唐氏甲庚山向一坐氣文旗竟被奴砂高聳尺奪而發武元錫秦氏坤艮山向申申砂坐氣稍低聳尺被坤旺砂奪而發科發甲今又有坐砂被坐砂奪者蘇州繆氏午山子向坤艮二砂並起乃危港坤砂素為力已重而坤砂又貝如寶鏡晶光內〻逼熠穴來遂丁未乙未中舉甲艮砂雖高遠隔一田隨又退氣癸砂峙脚便竟竊〻

杭州丞氏坟

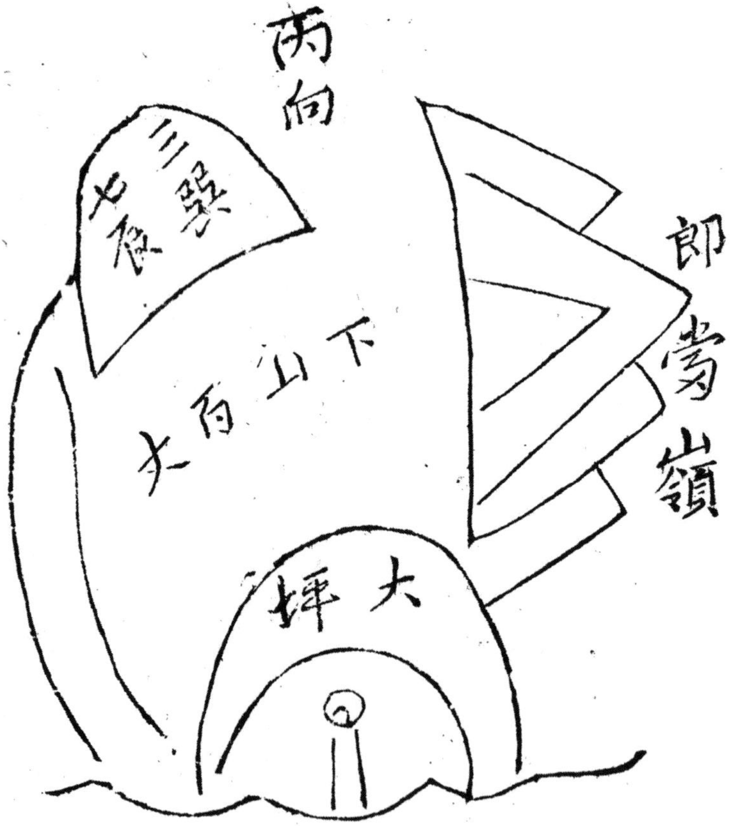

丙向

三聚

七侵

郎當嶺

大百山下

大坪

上地朝向空遠忽青龍山趨近案來起一高大金鐘形七奴三生二房巨富發武貴文小貴所謂朝山空遠龍趨案次子亦吊作朝屏是也左右手空遠无用右肩手秀乃峰插天案如龍遠又不及金鐘之美亦无用可見砂形最尖秀亦須光圓玉潤方能發福而龍以近身貼切為妙此至訣也

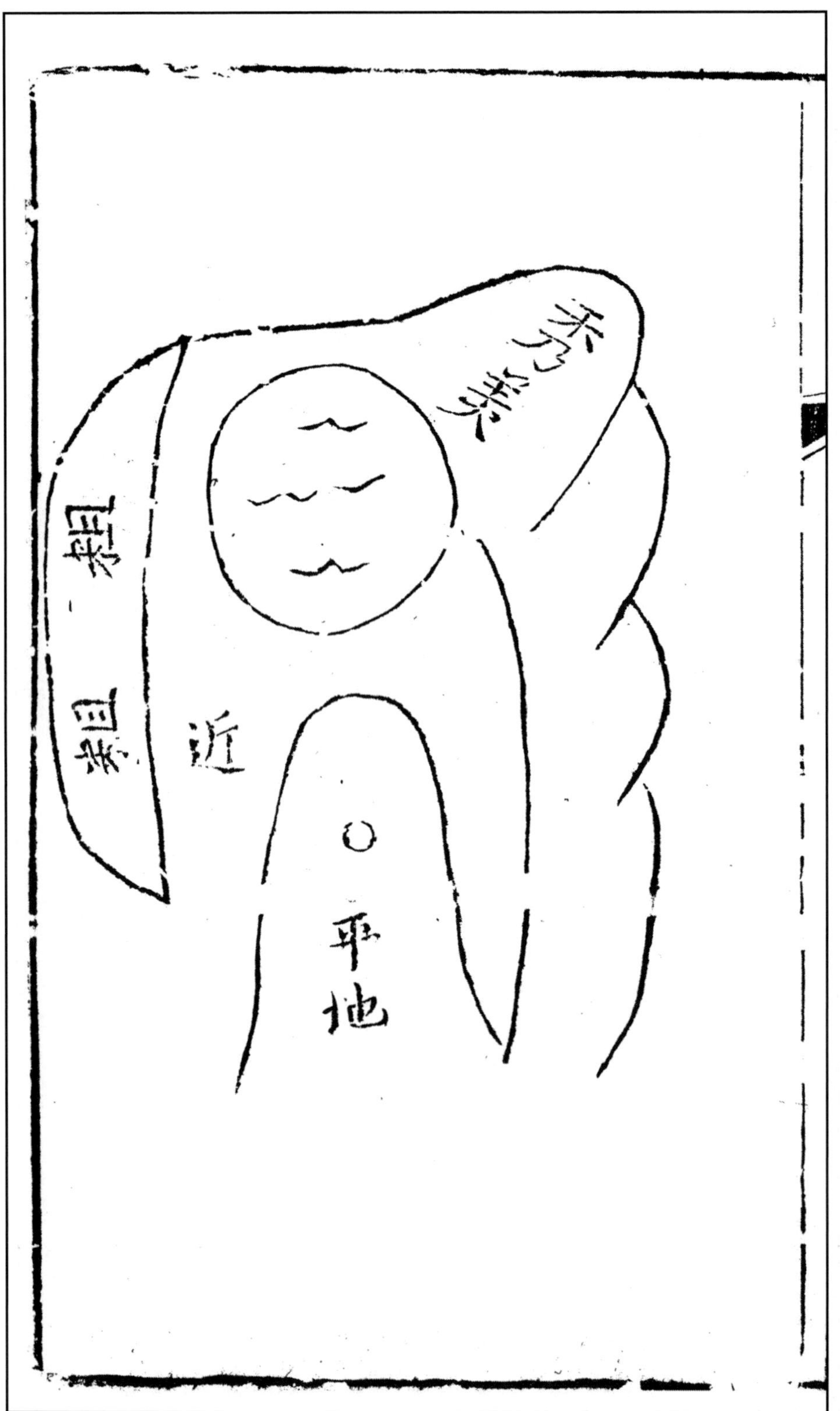
近
平地

有二子左砂緊護而長子不發者以其粗頑大過也虎砂遠次子宜敗而強旺者以其秀而迎穴也遠近之中又看粗秀如此

石門吳氏地

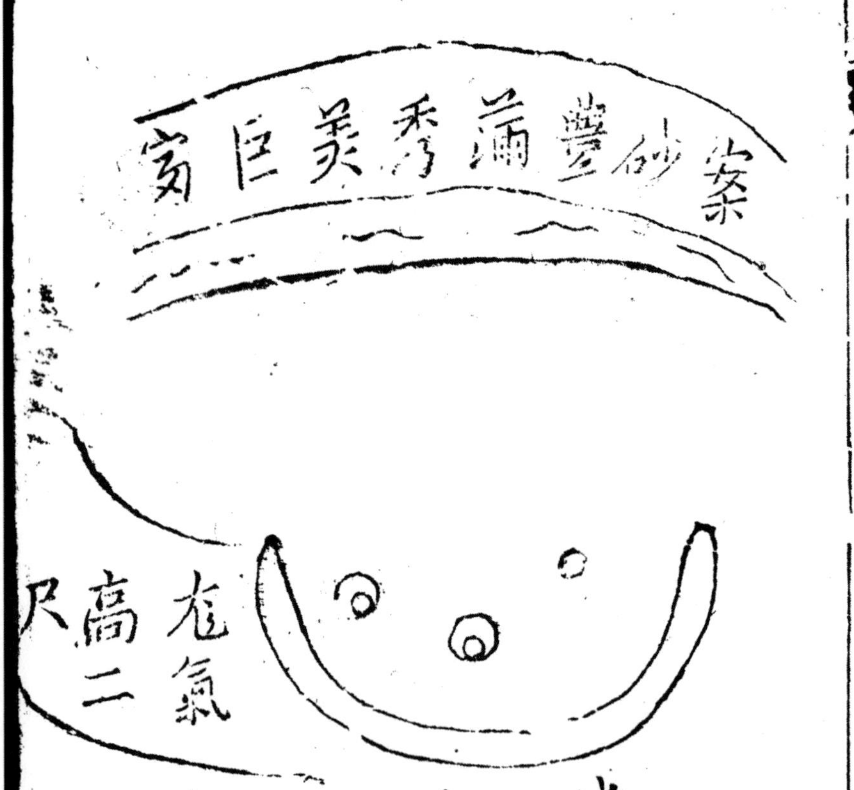

案砂豐滿秀美巨富

左氣高二尺

指孚

石門吳氏地左身一線過河橫斜入穴案砂高起豐滿而旺所以大富四面並無催官砂而主穴左手附葬一穴離主穴二丈大三丈高一丈餘居辰巽方遂發壬戌進士子丙辰進士翰林顯宦右手去穴三丈居庚申方遂衰敗左坟辰巽而發卯河此案砂法也此意外偶合。此地左氣盛旺所以富貴顯赫

舒城趙氏坟

舒城庐州府属巽趙縣五趙合房祖坟来乍秀嫩活動止五六丈長脊高止尺餘穴緊頂之左田低平長绝前田虽高尺餘而多斜乱二房亦窮弱不堪三房以右手餘地宽而厚又祖坟一簇在戌乾有从手高墩遂發十數万由此觀之發禍之源固係乎乍而公位之發禍寔在乎砂不然仝一乍也何以独發三房而長二不發禍也○可见地理書說以長房當乍身者不是

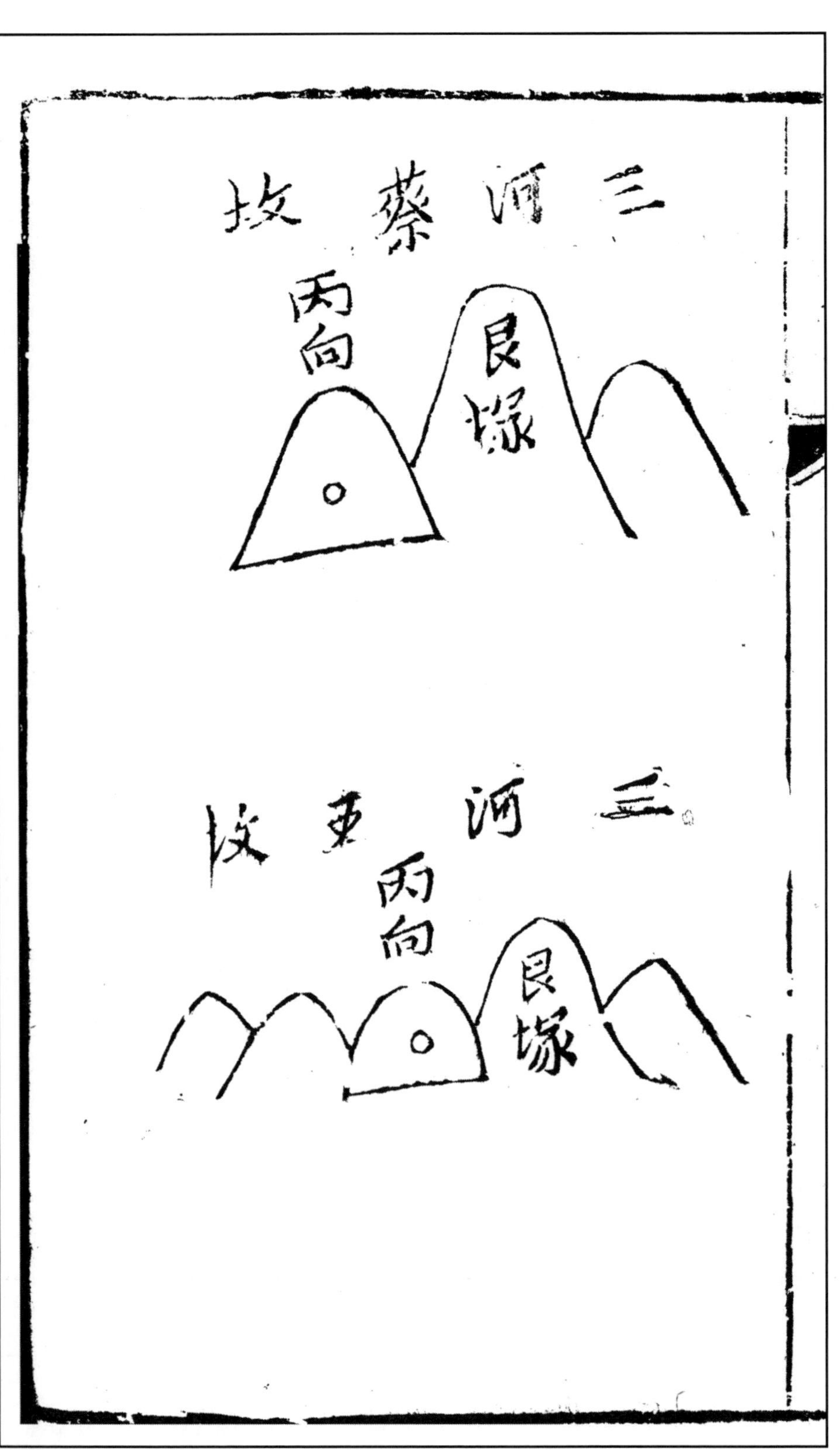
三河蔡坟
丙向
艮塚
三河吏坟
丙向
艮塚

江北河北。平陽地。魯左宿汪舒城等処。皆以塚堆光潤員滿者作催官。不止一王蔡塚為然也。卯王蔡二坟並以丙向艮方高坟而發。甲丙申年。蒙全州吏目時。承右春坊薄有伯先生。賜余朝衣一襲。問爵一對。語余曰。大封翁墓。坐卯向酉。忽南方有旗人築一高坟。逆甲子癸未。發入詞林。令郎戊子壬辰。發入詞林。砂之法。驗哉。坐三碧木入中宮。七赤金到離。八白死土到坎。而壬子癸年。發幕僧三元運白法可參。

洛社楊氏平陽地

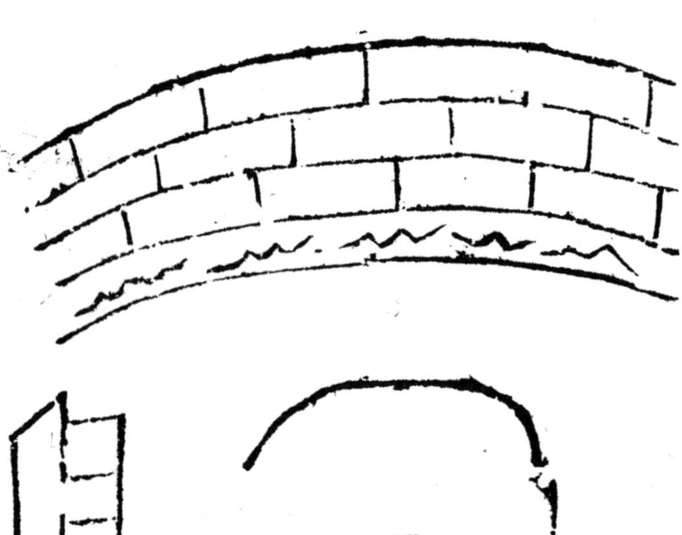

時余登穴見案上田水層層朝來又見右手餘地高而厚乃曰三房大利見左近穴處低薄乃曰長房弱已屋作外青龍乃曰四房亦利前案高起二房係發衆嘆語語如見後十數年過一李蔣大鴻法者全衆到穴見左低右高乃曰當發長房余曰二三四何如答曰二三四皆小房當右手右边地高厚以皆不利長房左手低所以說當發他觀此蔣大鴻慕講僧之書竟與地相背謬江东人何為受其蠱惑也

丰允

金華金氏坟

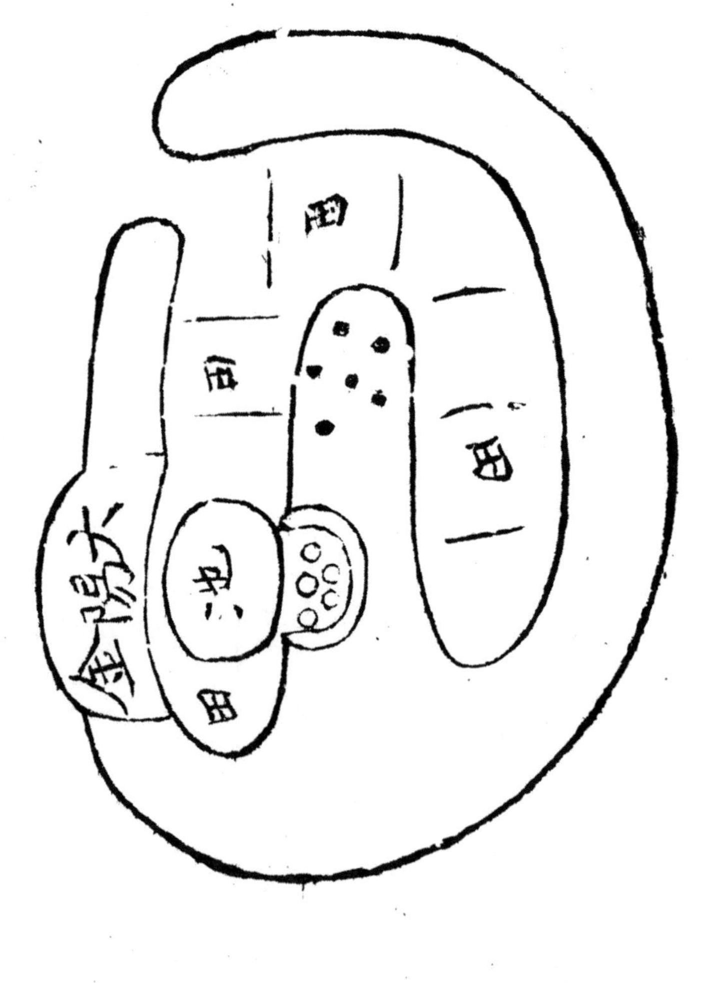

平岡龍。分開三股。中股直行上前右股上前旁轉作中龍逆水案左股亦上前与逆水案交合以作水口。中龍尽頭不發以无用神砂故也金氏在左脇下横扦向一小池、上突起一高大太陽金以作用神在乙卯方位穴即向之葬一穴發一進士發四五人此竅人知之乎悟乃季問方長。看此地可知龍元正砂遇物印配之旨已。貴在乙卯二字。此圖明白豈見人圖之。尚有昏迷不悟者乎。

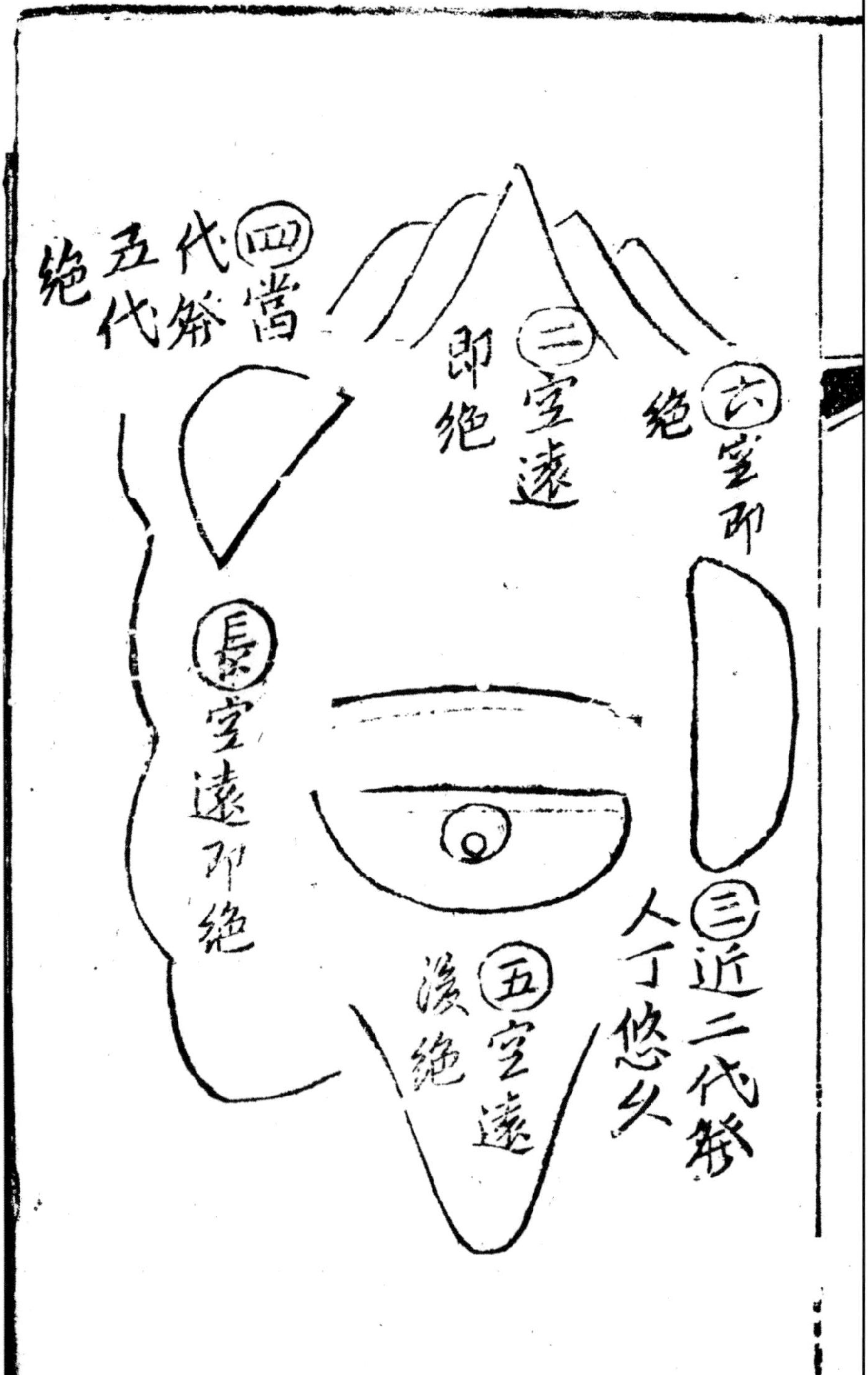

六
穴卯
絶
二
穴遠
即絶
四
當
代發
五代
絶
長
穴遠卯
絶
三
近二代發
人丁悠久
五
穴遠
後絶

此地名新庙塢口六房人空者即絶不空而遠者二代絶诀遠而砂秀者即發該發二代究竟過遠至五代絶虎砂三房近而護穴以不甚秀媚乃二代發究竟近而護穴子孫衆多悠久三房丙午中　继甦余祖心一公諱受孔四房余伯諱拱樞中丁卯鄉榜地不大録此以為六子看公位之法

唐游桑氏坟

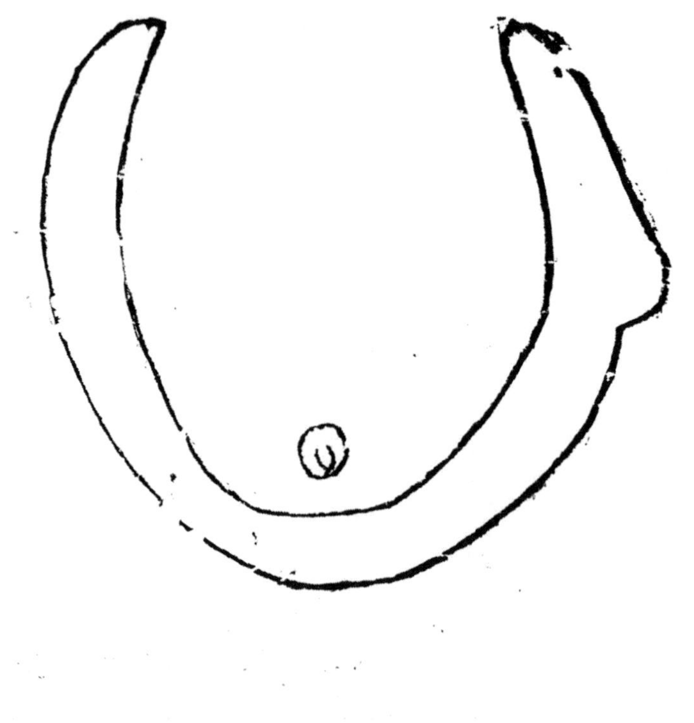

如環帶如大極圖宜衆子皆利殊右臂上略高尺餘便幼子利餘皆不及益吉凶悔吝生乎動也動則変信然○兄弟二人長富弟貧喪葬之費長子独任即附葬穴右誰知幼房独盛而長房竟絶也尺餘之高関係如此可不畏哉然穴塲亦偏居右約丈左手不大寛遂而長房遂絶所争止毫釐间耳

派桂西蝦公山

箱去

頸

箱去

硬岡

宮腳

宮腳

長腿

長腿

出氣穴

元辰直出

此背也

山之成形者万中止一有扦頭者有扦脚者有扦腰者有扦耳者俱不可拘而所必拘者在一起字在無正則遇物即起有起方結穴今以蝦形極貴無柰俗人不知就形相勢竟在蝦背頂圍亂扦不顧四山有護無護不顧穴場有起無起不顧四水歸堂不歸如之奈何

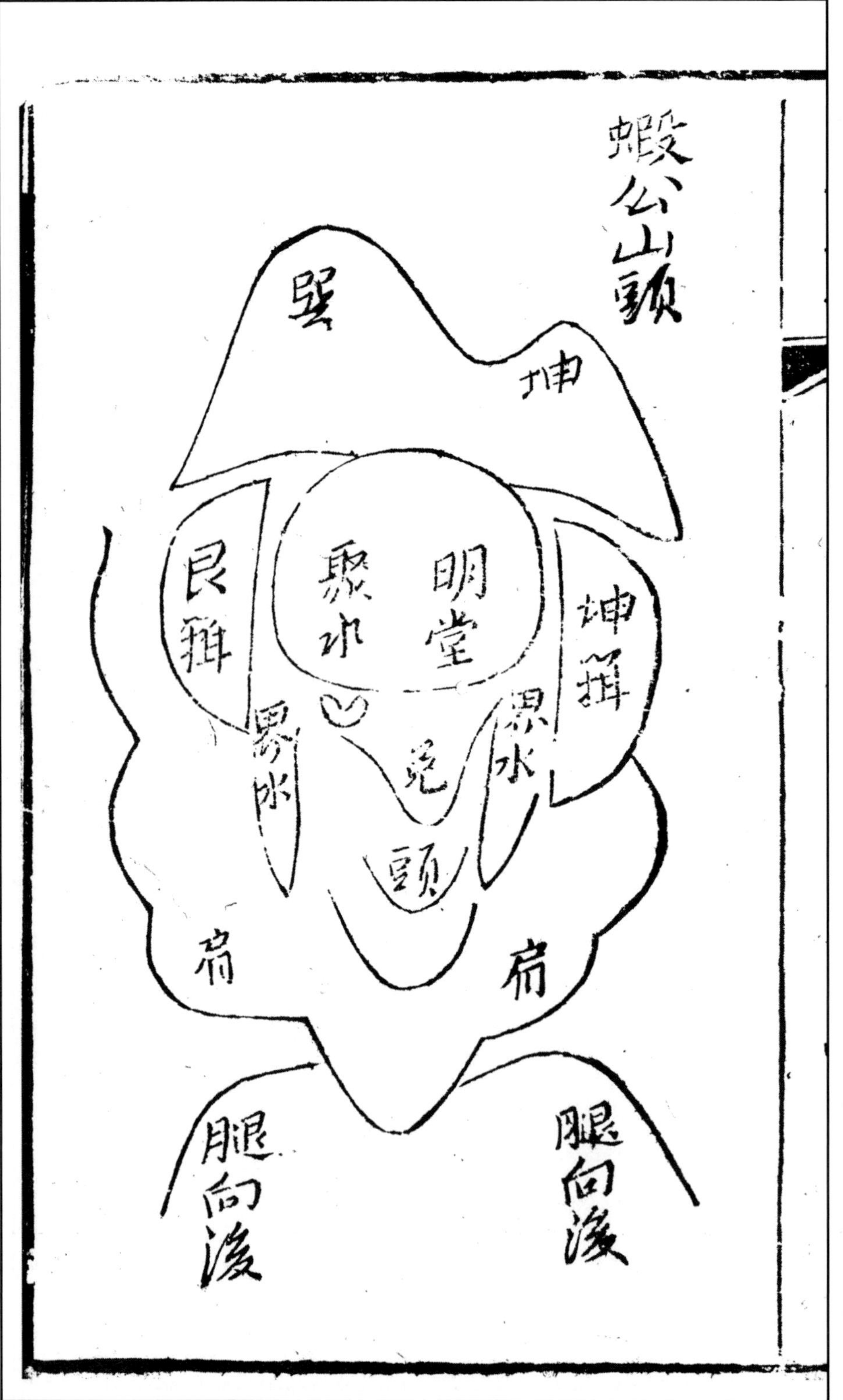
蝦公山頭
坚
坤
艮拜
聚水
明堂
坤拜
界水
兑
界水
頭
肩
肩
腿向後
腿向後

山顶起一顶下一層生一頭既不直硬而朝山起天馬旌幕生二金星四面有遮攔矣明堂如棋盤水口緊交互元辰水不直出矣如此皆窩風藏氣聚之地穴不結此反結在八门缺八風吹処耶乎俗術何懵懵也○此地在臨桂縣西三十餘里山名印蝦公山土人愛其形真多在蝦背上葬誤已甚若得真穴葬之穷春山天子岡生孫權祖坟更高一層

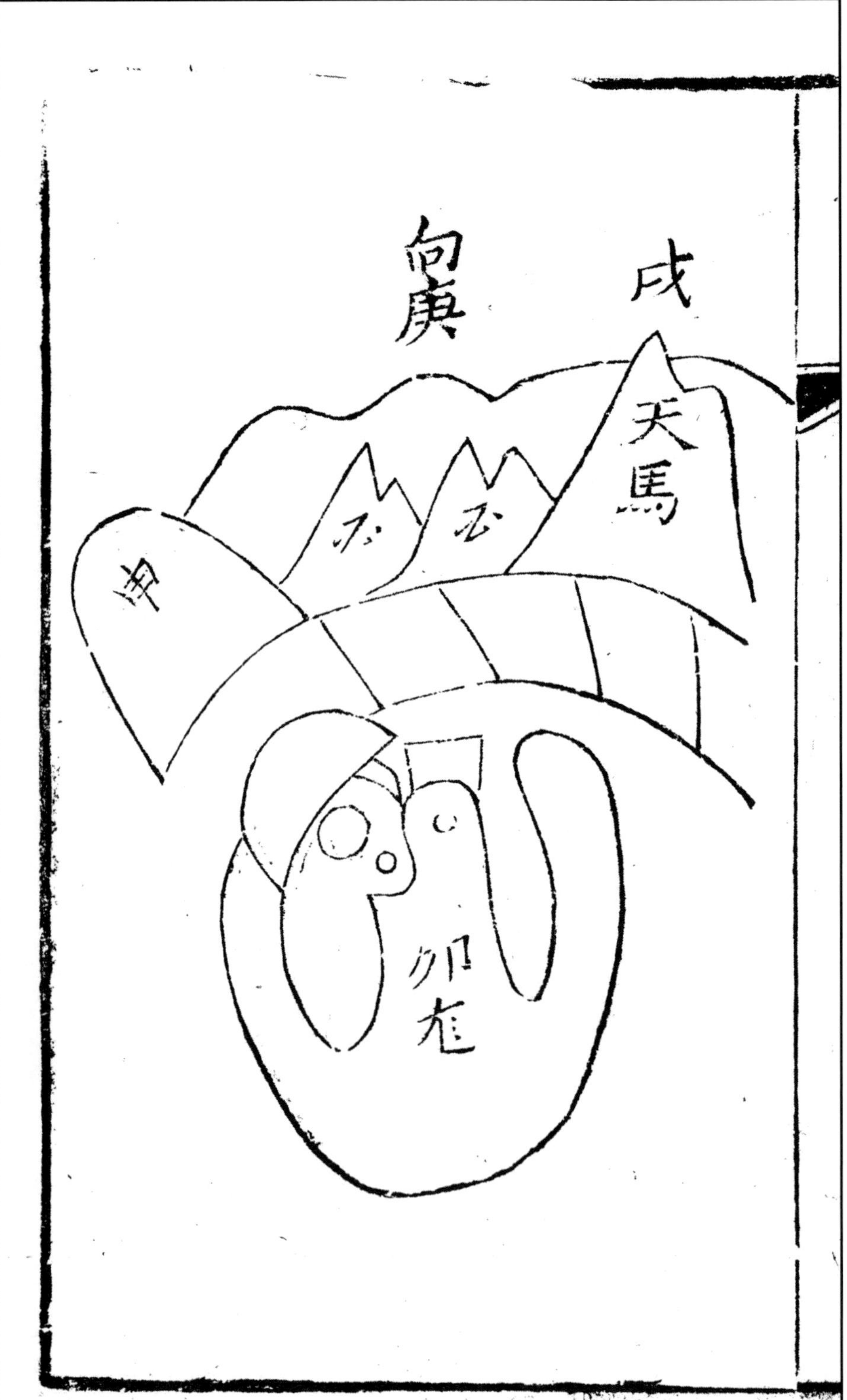
戌
向庚
天馬
卯

此地父辛乙戌辰發二任督李撫制三邊吏部尚書子巳乙庚戌發狀元及第翰林春坊三股中抽正頭龔龍口者卯龍庚向且有裀褥付正穴而青龍不抱白虎硬撞腰大堂田水左窄右寬勢趋龍頭所以不發庚穴硬劈龍角申向不合卯龍且犯八杀而青龍穿抱作案々下一員淨小池々外一倒地笏大堂田水龍頭收尽白虎彎抱外朝員拱所以發也拗龍就向就局觀各山頭而父子所發年分与官爵甚明白也

無錫薛氏坟

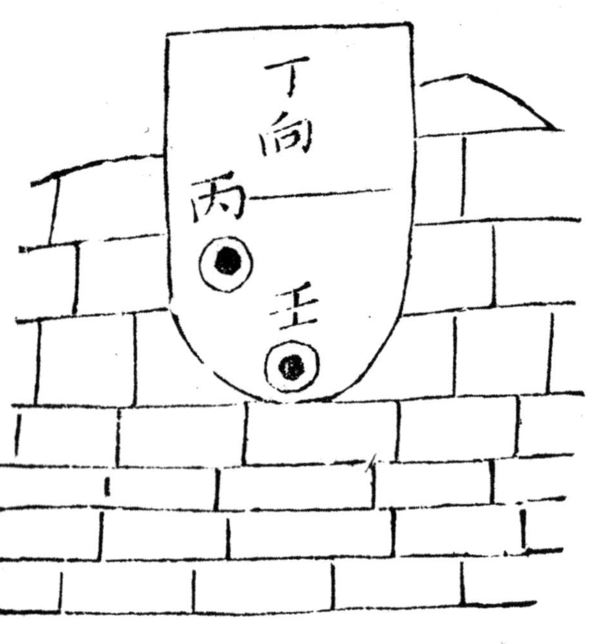

地雖無砂而左右田塍護穴無風雖無大水而穴前兩明堂窩聚蓄水如掌心所以巨富

察砂之法屢有奇驗甲戌冬薛宗文與余嚴埭看祖坟平田腰間開一糞箕窩无龍无脉无砂水窩中又積水安得有地忽見左昭附一大坟在丙方余欣然曰有地已人問故余曰癸山丁向催官在壬丙年大利果宗文丙申命穷翁令郎二宜丙夜命時十九歲余勉之曰汝發已果壬午癸未聯捷

鄞县林氏坟

平田

汪洋

平田

真地堂

平岡尤高四五尺

平陽平岡尨先結一假堂局尨身亦似有穴作三峯水不相对而大河塘沿田塍歪斜河中水不凝聚林穴葬入土岡內坟面石碑竪在平地緊对中峯面前塘沿塹路抱如弓式河水汪洋聚在中心數代科甲此平洋法大美者若无尨身做居基亦美

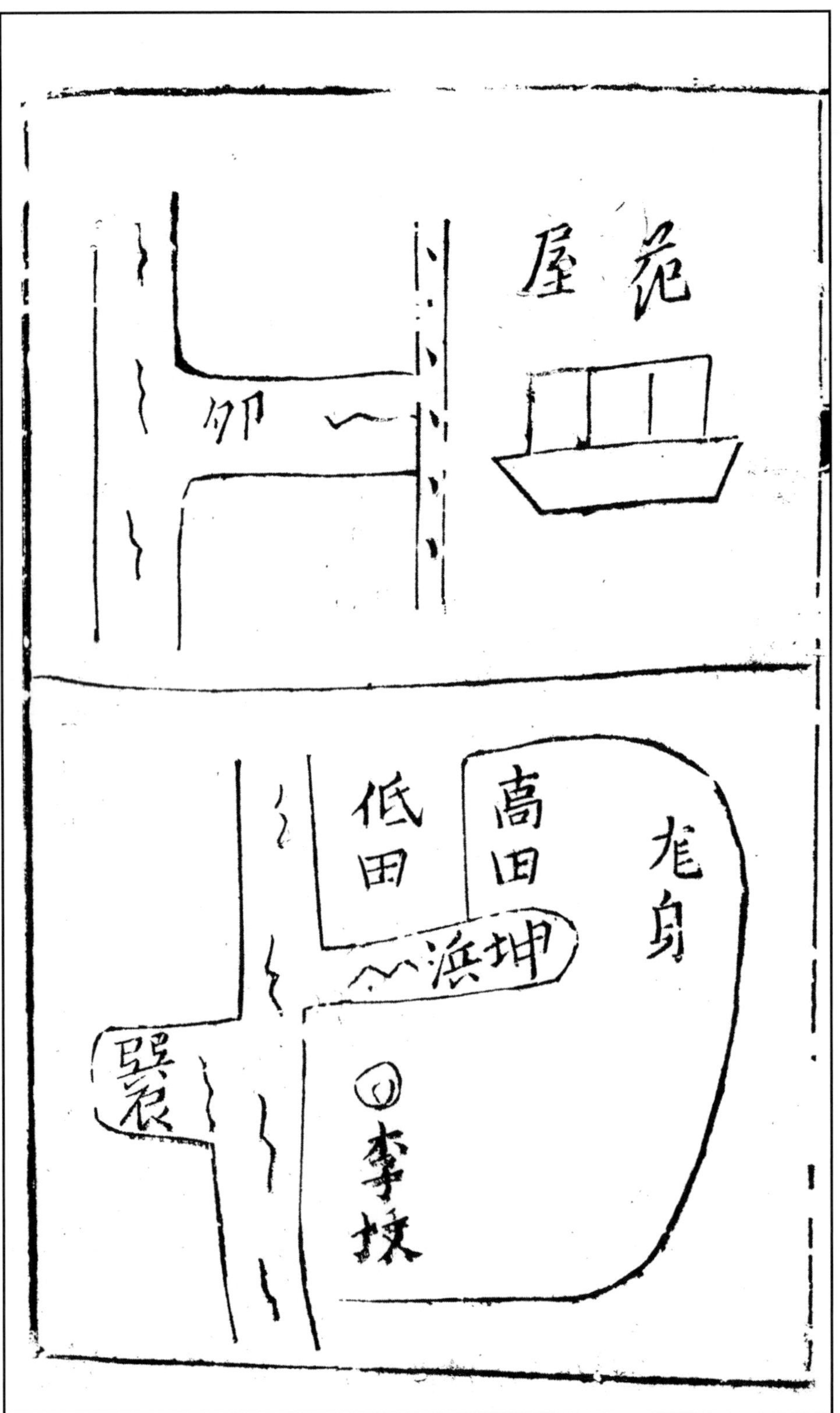

花屋
卯
高田
低田
龙身
坤浜
巽
李抉

平洋平陽所水落作山峰而發科甲者鄞県李氏坟以坤巽作催官發回五代四臣范氏住房以卯落作催官而乙卯科中經魁范浜捕進李浜捕出均發撼要水光現出乾溝無用平洋地林坟与此真实有據宜遵行之

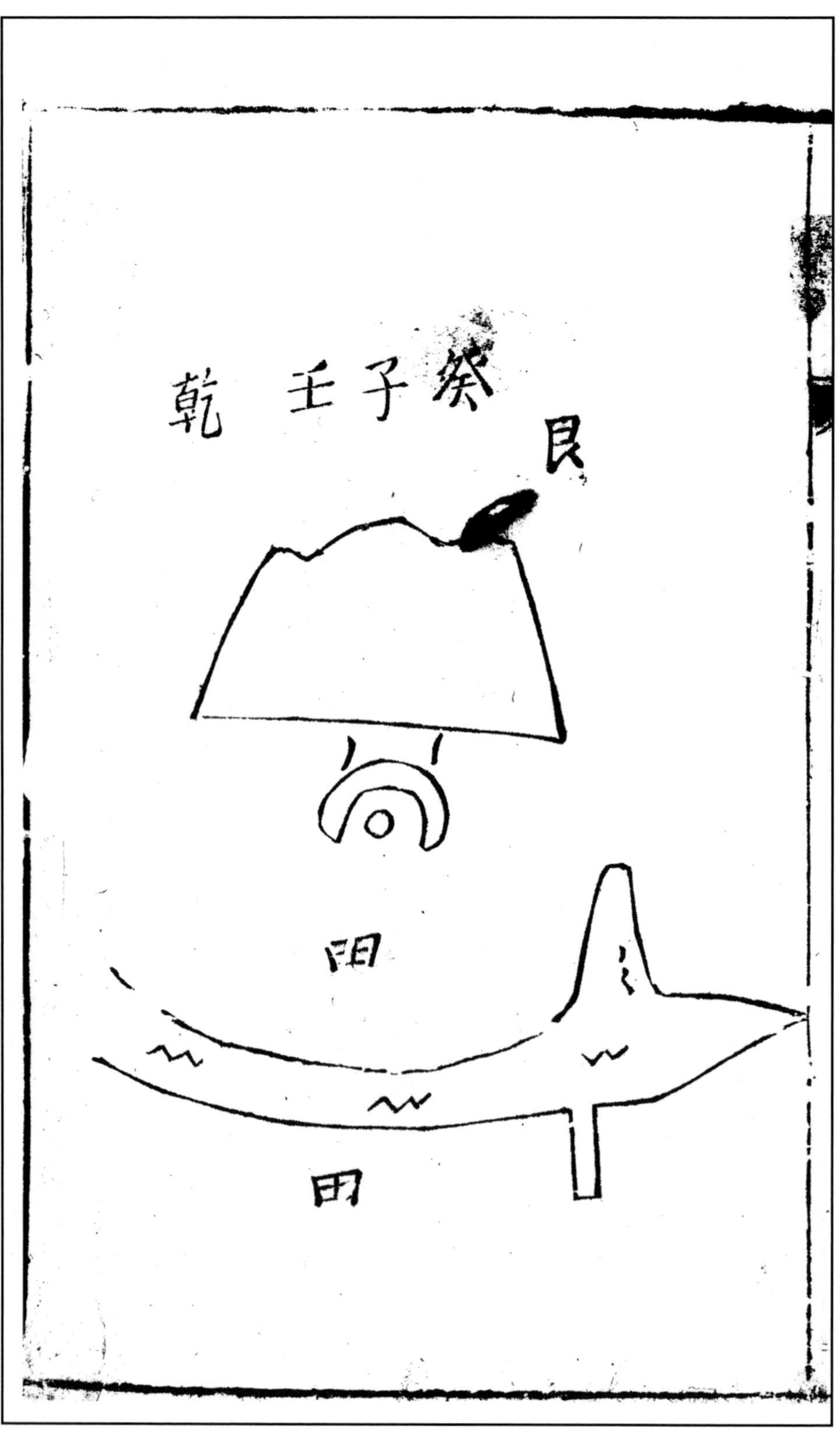
乾　壬子癸
艮
田
田

平陽中四畔無砂止中間一墩為孤峯獨聳葬在墩上者无不衰敗此地乃節與滄柱仇老先生親爲之扦墩上塚堆纍纍此独在墩前吐下餘氣到地五六尺而葬焉則此墩不作孤峯而作來龍生山光彩焰穴向以壬午發一科戊子巳丑聯捷一甲淨葬棺底填土二三尺塚堆高起方能收生山光華也亦作葬影法恰十數年速發為美

窩凹深藏何慕僧蔣大鴻要露

江陰許故

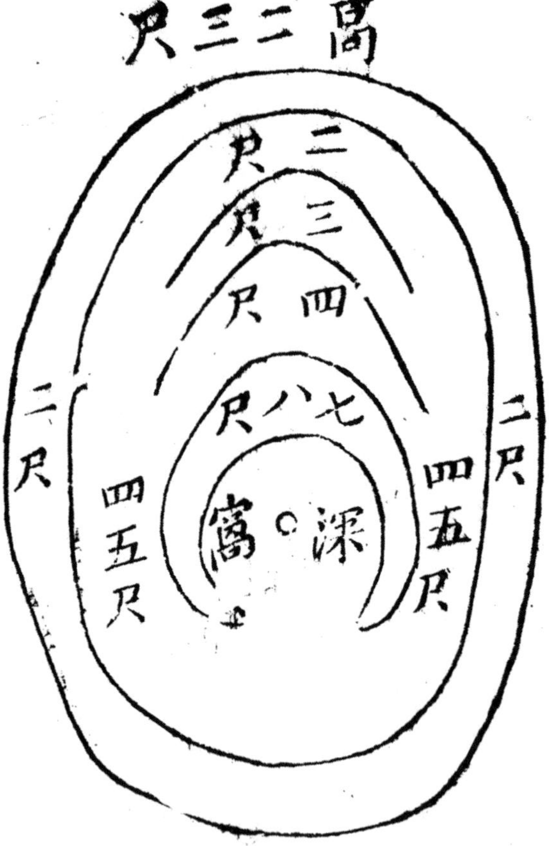

右手露風者敗

左右
包牖
高上
塚堆

前地透出墩外取坐山光華以作催官法甚巧此地平中一突八九畝大突高丈餘四边加鰲裙高尺餘葬法乞進突心取突頂作催官坐北向南心窩中作穴乞土作兩边龍虎護穴遮風穴甚氣煖田中艮龍起墩頂左子方所以甲午命以白衣做濟甯道管河工捐納而巨富長子戊午命次子庚午命一子冲出三午

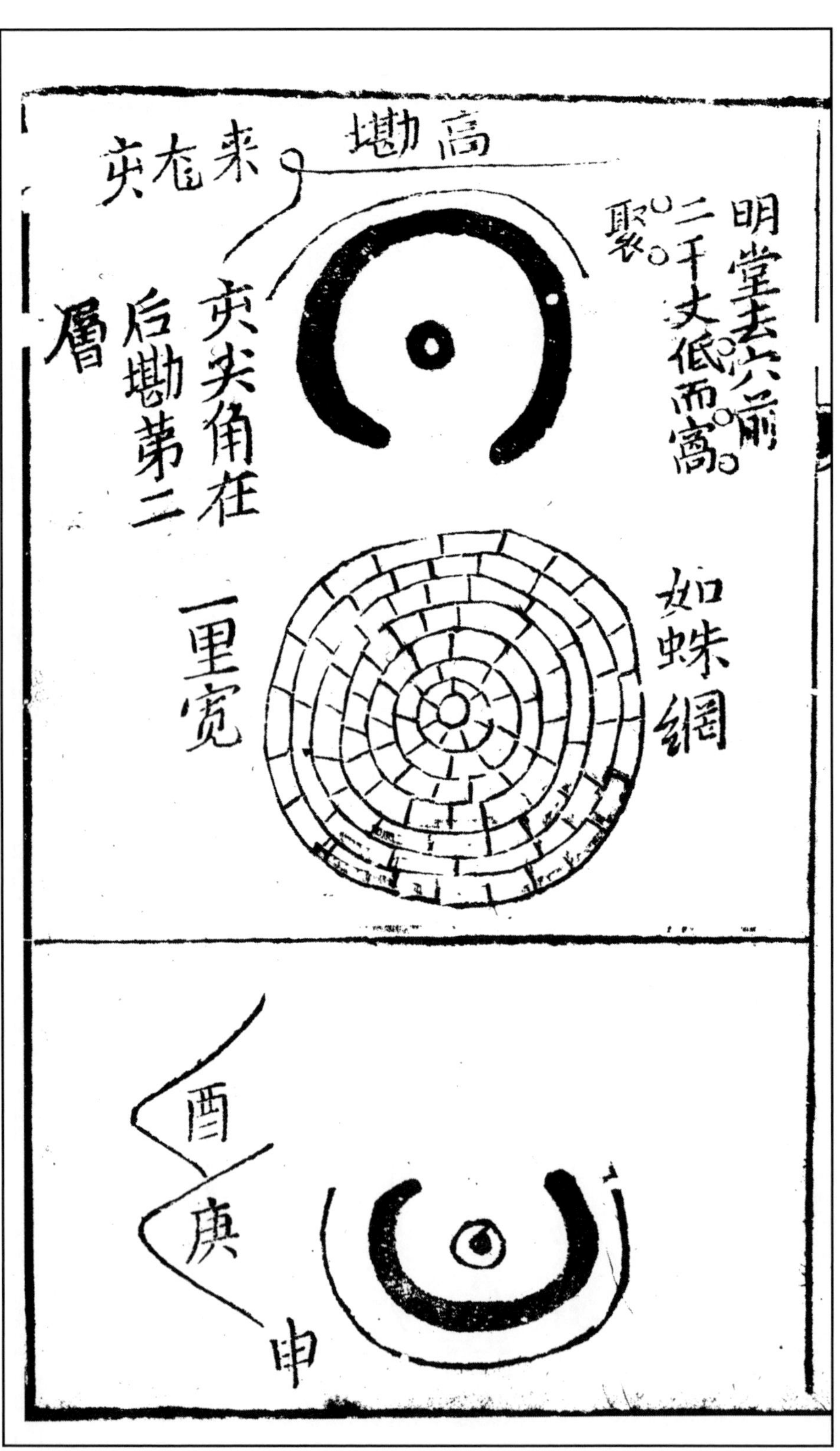
高墈
来龙尖
明堂去穴前二千丈低而高聚
尖尖角在后墈第二層
如蛛網
一里宽
酉
庚
申

上圖刘姓坟祖地蔭進士毋葬此余曰明堂如蛛網
如銅羅應得選大富之缺今葬二十餘年水運正及
時己忽見後勘露出亥尖乃曰此作祟宜速去東家
忽視之次月報選徽州府教授大恭喜不意一年亡
下圖朱氏坟左边庚酉山高而逼焰長房大利殊丙
子葬甲申年長子忽死不解其故隨細驗之方知護
穴上勘左肩上申方長一丈高五尺為悪也人看地
止看高者大者不知穴傍之關係如此宜小心緊記

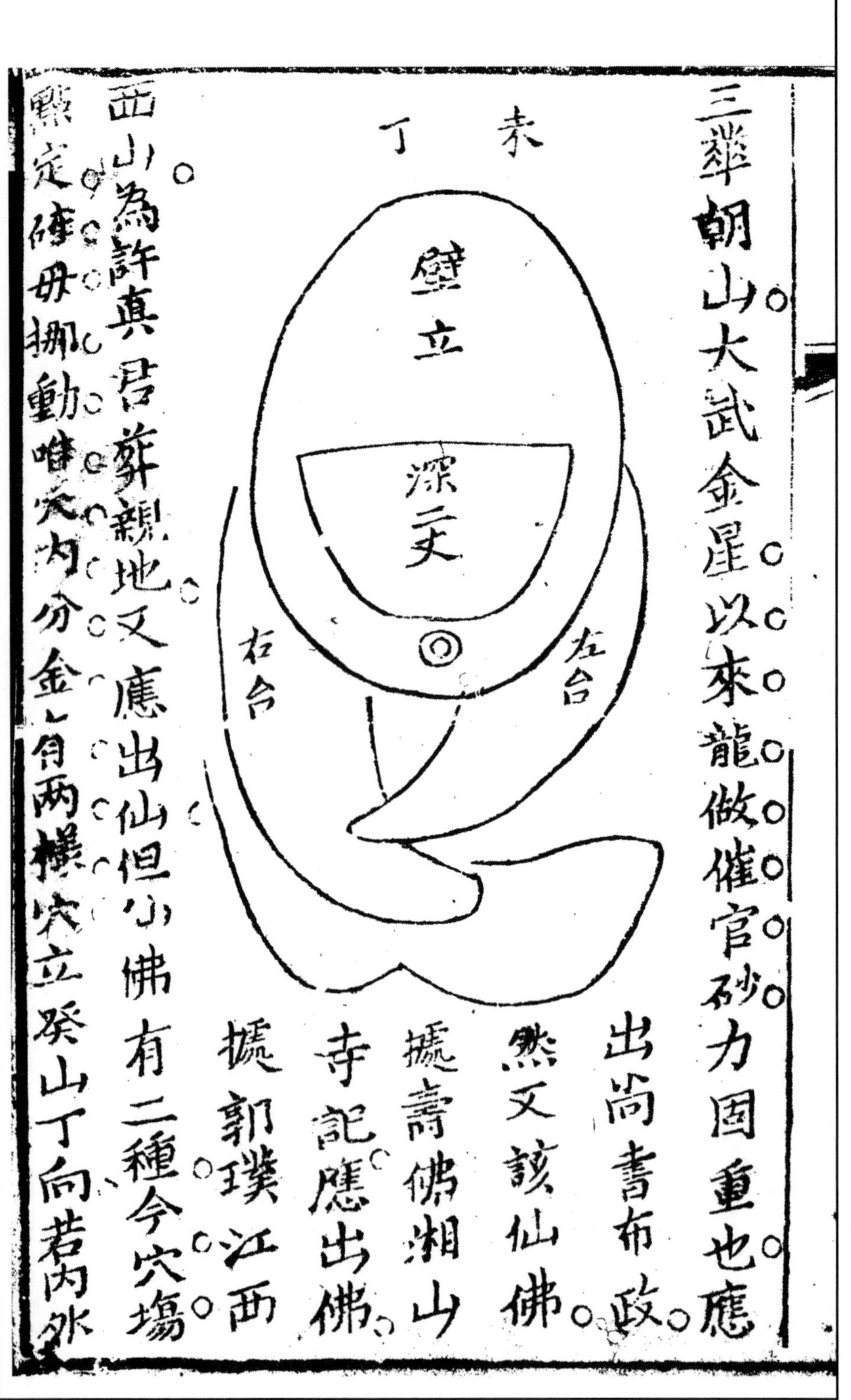

三峰朝山大武金星以來龍做催官砂力固重也應出尚書布政。然又該仙佛。應壽佛湘山寺記應出佛。應郭璞江西西山為許真君葬親地又應出仙但小佛有二種今穴塲點定係毋挪動唯穴內分金有兩樣穴立癸山丁向若內外

仝向分金坐女五度分線七度則出清雲仙佛若坎
面丁向壙內放棺斜向兩首坐寅向申分金坐箕三
度向參六度則出富貴仙佛其尚書布政仝而寅申
者則更悠久也龍來二百里結三台美格誰知龍真
穴巧反以三台為鬼挣而以本龍為正朝看左右兩
台脚齊向後抱穴結大勢明白已所慮者時術不知
此峦頭不知此理氣異日用事擅改余記耳康熙庚
子灤月嚴陵張九儀志于仝州捕署以贈橋渡幼張

全州赤壁穴

謝老先生。篤信余道。特取給之。

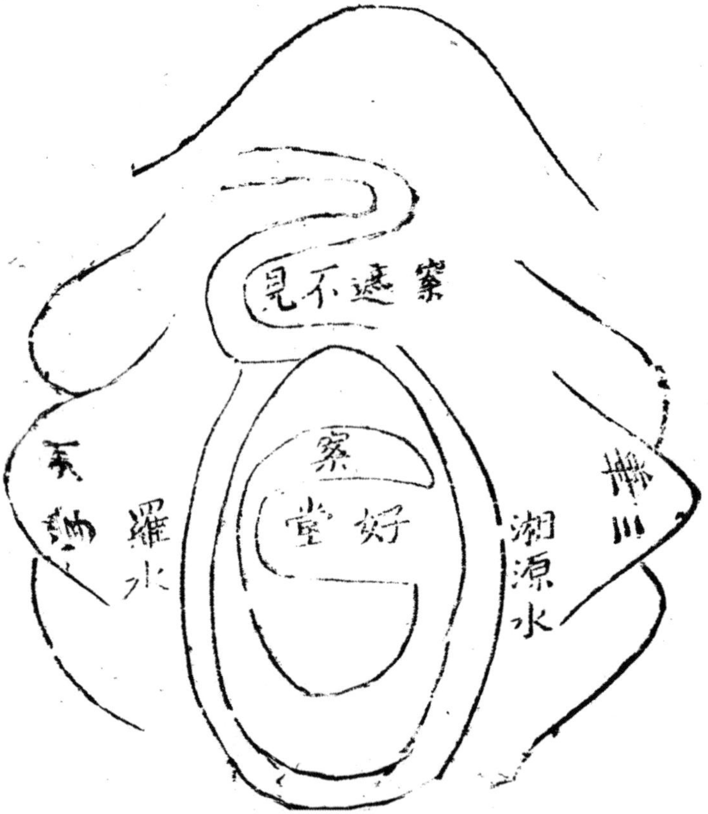

全州孝宮是鳳形朝向三華山亦是鳳形坐鳳向鳳亦是常理但赤壁山亶堂碍眼盤石大缺風吹詎是正結一日孝宮行香細看之忽悟此為双鳳呈祥四五十里山水團聚乃在赤壁山左皇右鳳一寨遮去亂斜乱雜之水但催宮遠三四代後方發不若三華山之逼焰當代即發也

全州城乃風吹水劫之所盤石橋大風吹掃小南門水急不停唯湘山寺基稍可亦是偷結巧結

两石柱
丙向兼
午三分

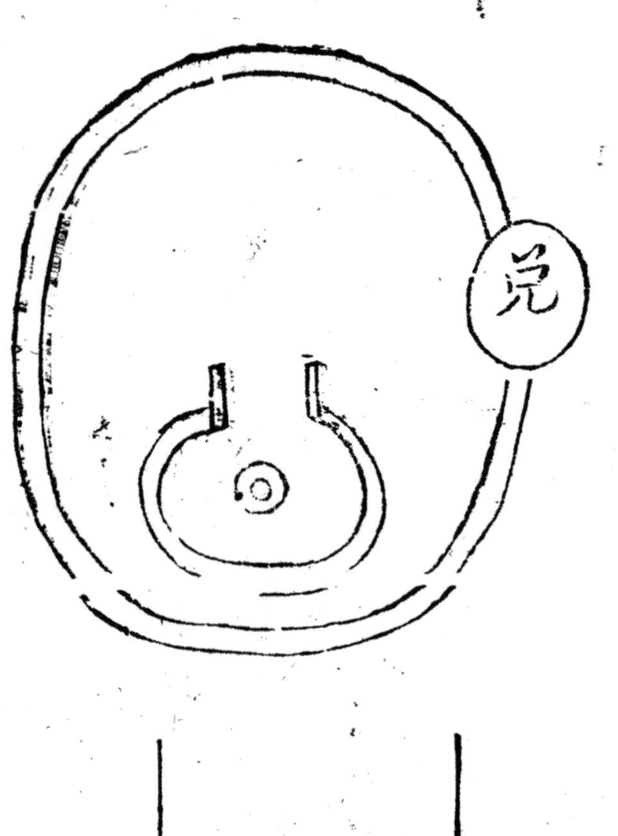

上地夾在丙向。巳方一塘。余曰丙丁猪雞位貴人水。放光。訣已巳丑年發。癸巳年發科。乙丑年会元榜眼。忽見坟圈左右兩石柱。非正丙向兼午三分。余思巳能破午又离水。息入酉兑恐犯桑中之期。果然夫离水入酉兑其形大。宜犯。今三分午向亦甚細微也。犯催官篇應驗之妙如此。合淝王姓坟丁向。巳上一坟墩。長子甲辰次子丙辰。巳作生氣。三房辰年生兩子皆含糊。催官言巳危辰水應々巳砂辰年應甚奇

丙兼巳三分坐山在身也在穴中則以消砂論較客砂力更重

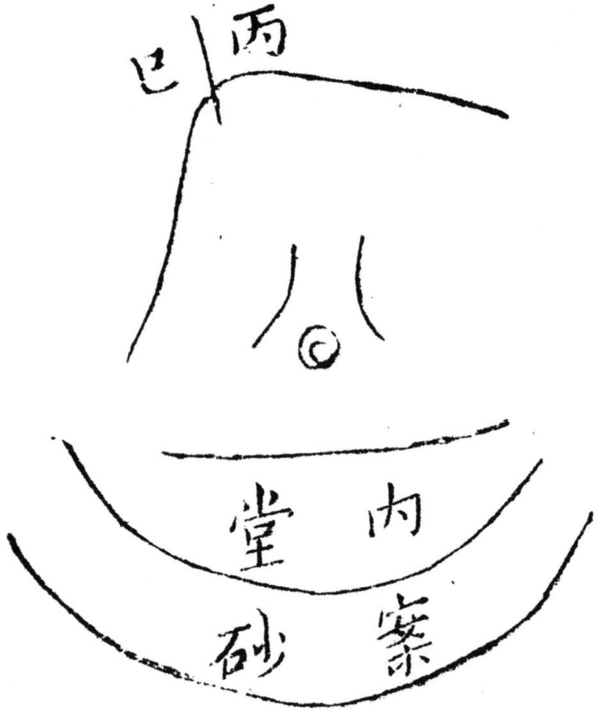

甫呈役讀欵云。丙丁赦文山水朝。皇恩浩大叨原宥此地。山頭正頂是丙。右肩兼巳三分。余曰煞動中宮。要殺人。但正頂丙是赦文。以無大禍。果打死人兩次。皆不向抵。覌上坟可悟納水法。覌此坟可悟消砂法。要推悟不要拘泥。

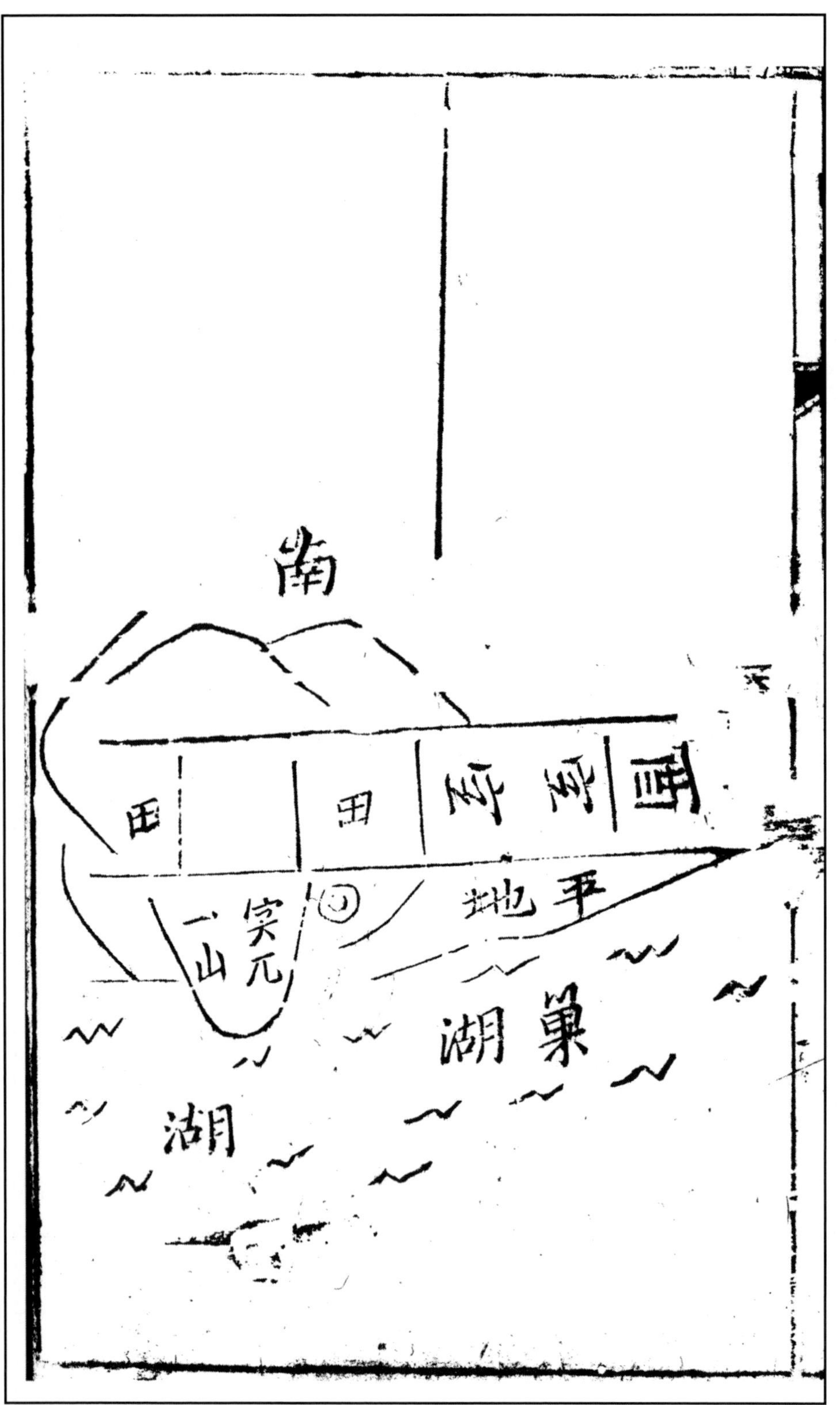
南
田
田
水
水
田
平地
実元
一山
巢湖
湖

巢湖边上突兀特起一山余在三河鎮去山二十里見之曰彼山有一大地市人曰山名白石出一土撼兵惜与呉三桂交战砲傷存一腿回家余曰定去方空隠湖風掃了次月趙聚五欲驗余言虛实往視果然贈余一百六十金為葬馬槽口地立發開府在廬江界便讀歌云方山隋夘兵龙為官陣亡全軍覆不差但予發龙不拘夘兵

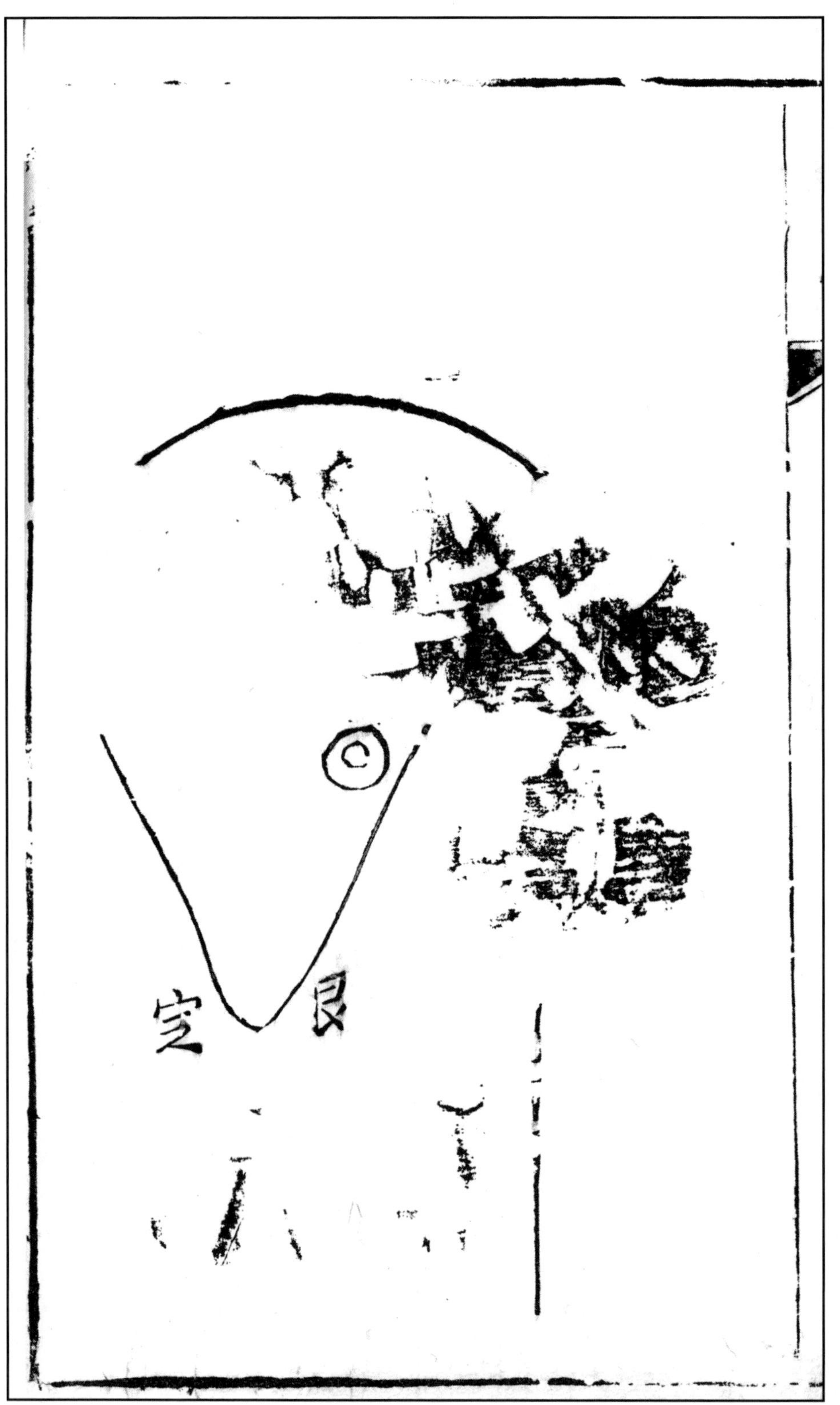
定
艮

無錫王公雲 錦在蘇州大湖边葬二親艮寅癸山丁向艮为杀氣宜二房絶而丙戌科二房中狀元者人止知外貌艮寅丁向而不知其内实乃從穿山穿艮山实穿過宍宫去透地透向丁实透入坤之末関所以艮丙辛宍午戌三方会局逢丙干戌支而中閃甲也此法穿透之巧処亦穿透之实処人能知此造化在掌握中已

壬子年余𠬠穴人問三房人若何斷法余曰、堂水[illegible]生
入坤申長房大發
乙辰水来不停
二房丁才旺
好丙水破局三
房绝该五鬼運
財来長房以貪巨水
湫之煞有狐仙来戲不損人

午向
丙
田
坤

地理之水法各家紛紛不一止是河圖洛書最驗而其運用之方變化多端總以淨陰淨陽包括之賴布衣催官其驗如響今畫上地查向水路一一註以便人知所用法也卯查午向可見以查定向者非也子山申子辰合局今辰來坤申上去幾禍可見以辰為黃泉殺人流破坤申長生方少丁之說非也丙水人言六秀乃此三房絶亥五鬼運財于長房則六秀亦非也長房巨富七代以水入坤申二房辰水才丁穩當

後龍戌乾汪視穴塲所以午年解元戌年会元

地理書非假郎雜者以理氣言也看巒頭辨富貴貧賤只有渾天開寶鏡一句其生旺墓方之說不驗矣景爲山不起于旺方水不敗于鬼鄉此是而非巒頭書並不能假然亦有之如朝山亦自有眞假若是眞時特來也若是假時不肯來徒處尖員巧加叠此語詎有不眞然而在游余氏金鐘形朝山万花樓是指而甲戌壬辰癸丙進士桐庐姜女鋪毡青在山水口山皆背去而姚夔吏部尚書此巒頭書也难信

高
大
平田
中木
低小
低小
低小

土屏下。一倒地木。頓起太陽金。四面山低小。窪立雞羣之象。書非但止楊救貧書不足信。即郭璞葬經亦難信。童斷過獨石五不葬。誰知紹興。明季出宰相公者。石山也。本朝出姚總督者。獨山也。姚公諱啟聖。贈太子、太保。其功其德。最大。救建鄭。寇窮

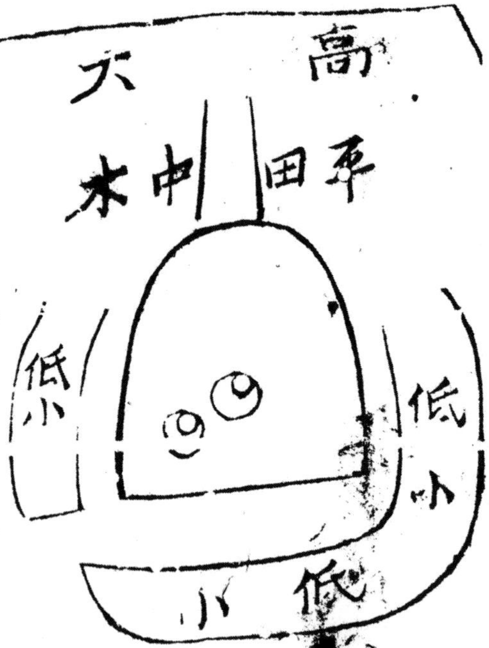

據塋宮 朝廷征彰民間差徑郎以余建位論每畝田費三四兩自姚公為揔督設計誘降後每畝田止用三錢牟一縣而與山東而江南江西浙江而務建皆可知已四五十年荼毒今日方免民之受其恩澤詎小可耶鄭塏既降 聖天子撫南顧之憂疆土安寧其豐功偉烈可勝紀乎如此豪杰而独山蔭之二仝嗣淮安知府乙未夏在京述此地形言曾祖及祖葬焉余問曾祖幾子曰五人余曰第五子癸巳若止三

子則殺在第二子曰太保公乃五子之第二子也壹不差

高岸

乾

田　田

地

坤　築　◎　築　艮

地　築　地

巽巳

地

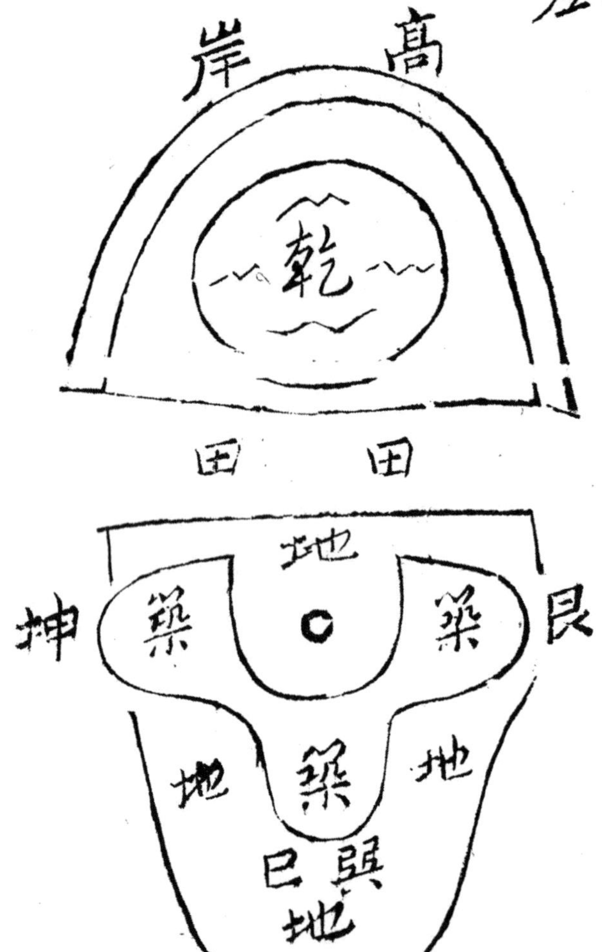

餘杭朱姓兄弟二人无子一亥命一巳命得一粘魚形土名石明堂平地無砂而戌乾水特潮最美宜扦巽乾局築巳砂作催官以催子与巳亥命合查巽山貴人在寅今選日要取寅貴到山今寅作子午馬文

戊子年　后亥甲

甲子月　朱申亥

甲辰日　空丑辰

己巳時　元戌丑

申巳寅

虫貴

朱巳午未申后

六辰　飞阴

勾卯　戌元

尨寅丑子亥常

空白

作子月辰日馬又作甲月甲日祿又逢十一月大陽在寅乃用月將加時法特取巳時使大陽帶領祿馬貴人之寅臨巳砂與山以巳砂論訣巳丑年生子以大陽帶祿馬貴人之寅到山論又訣寅年生者為貴子葬後果庚寅年乙丑月巳巳日戊辰時夾命人生一子。

看得烝山周宅坟山頂是艮龍橫下是甲龍入穴雪心賦云脉認来龍是甲龍要尋来龍之艮舍近而

求遠不着餘氣容无脈不成窩何為受盖有窩无脈
不結地有脈无窩竟有地當云龍來認脈方是盖以

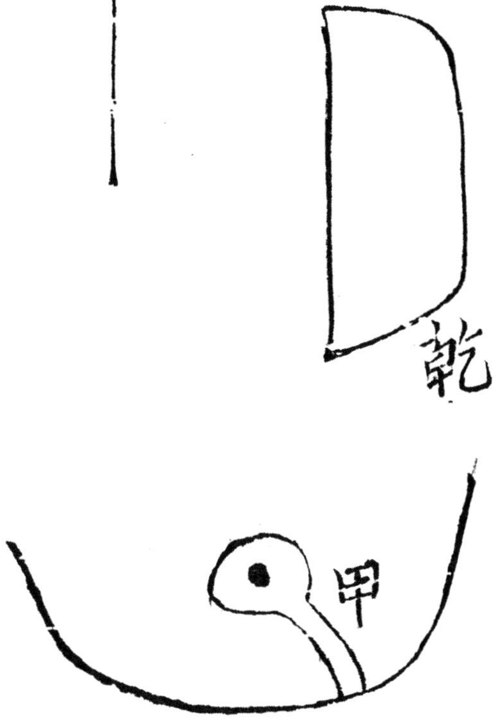

来龍上要認脉死脉即死龍龍不來故也此地穴場開一平坦浅窩穴後一條甲脉秀嫩如活蛇貫入窩中有脉有氣明白显見所以八九年即發鼎甲後又發數科甲巨富但乾砂遠半里多玄三十年玄乃止入九年發者因以脉氣盛旺而龍以大六壬得力也甲龍扦甲山庚向貴人在丑時大阳午將加申丑貴輪到甲卯山探花又丁丑生命又四个丙申便有四个丑貴力詎不重所以發洪大些填動甲艮又大些

填動所以不必到三十年而發也六壬大抄能奪砂運力固重也其竅在丑爲山貴到山即爲發主本命發在初傳大吉來填動而又二傳亥又作日貴帶朱雀文星入丑命也貴人登天门又是六壬課美格

丙申年

丙申月

丙申日

丙申時

丑

亥

酉

空卯丙

朱丑卯

常午申

白辰午

陰后

元午未申丞貴

常巳戌虫

白辰亥朱

空卯寅丑子六

勾

日星一
火張五
土翼十二
炁井十
羅井十七
木井十九
金鬼一
午 未 申 酉 巳 戌 辰 亥 月室十六 卯 寅 丑 子
水昴五
計斗土
孛危五

四丙申課。非止斗首六壬合竅。并天星祿馬貴人法并天官五星、法亦皆合竅。午將加申則未加酉庚向上金作亥貴水作巳祿羅作天官炁作天貴四吉星全在向為朝元何利如之。木作天祿土作天福在三方拱甲卯山唯計化曜是土水火炁作天囚為忌

天星祿馬

貴人取法　子丑土　寅亥木　卯戌火　辰酉金
巳申水　午日　未月　假如丙子年祿在巳水
作祿元馬在寅木作馬元貴人在酉在亥金星木星
作貴元用法如甲卯山金星水星在酉作祿貴朝元
木星在卯作馬作貴守垣朝元力重于守垣　天
宮五行　化曜　甲火乙孛丙木丁金戊土巳月庚
水辛炁壬計癸羅甲為主故火為天祿乙為刼財故
孛為天暗丙為食神故木為天福丁為傷官故金為

天耗戊為偏財故為天蔭己為正財故為天貴庚為七杀故為天刑辛為正官故為天印壬為梟印故為天囚癸為正印故為天权　五星盤中最喜正官天印名曰天官喜作命主命度主或与命主命度主仝宫仝度或天官在限度上行遇之俱主発科甲最怕天耗剋制天官最宜天蔭天貴二財星与天官仝宫度三方吊对宫烙為財旺生官也行限流年若得相會遇主発科甲天耗係中乃天官之七杀故怕与天

官遇不論金木水火止論印貴刑囚如甲木辛者正官是炁星遇着土星不作木剋土而作土生金甲以火為天祿遇着罗星不作餘奴犯主而作癸水未生甲六十干化曜不知其所以化之原也　如上四丙申星盤金水罗炁四宿纏未申時加臨庚酉向以天星祿馬貴人論金作公貴水作巳祿為祿貴朝元以天官五行論金作文星罗作魁星作天官炁作天貴水作天荊為文魁官貴荊星朝元四吉朝元故大利

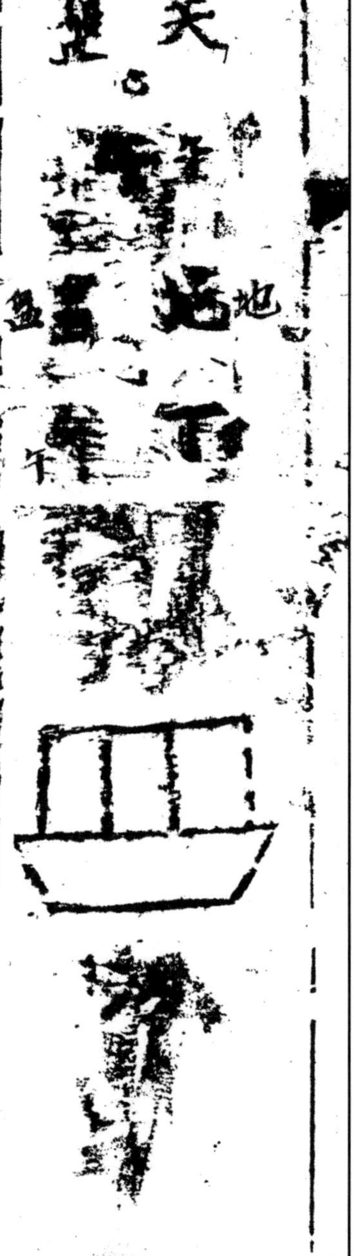

天

地

楊救貧天盤立向陰陽差錯及八殺者瞎害世人而人不知者共有十四向

天盤午向　地盤丰丁丰午　午離卦丁兌卦中女少女金火相戰遂害女口

天盤丙向　地盤平午午丙　丙[illegible][illegible]卦淨陰午火

离卦淨阳阴阳駁雜互作廉貞所以寅午戌年燒
天紅并犯吐血
天盤巽向　地盤半巽半巳　巽阴木也巳兊金也
辛乙為巽八杀巳屬乙兊二女相剋主犯冷退損
女口出乞丐
天盤辰向　地盤半辰半巽　辰坎淨阳巽卦淨阴
阴阳差錯互犯文曲所以犯怯症巽向辰水立驗
天盤艮向　地盤半寅半艮　寅木艮土艮怕虎且

亞作庶貝主吐血或痨傷

天盤癸向　地盤半丑半癸　丑作癸水羊刃主刀

藥亾貝女禍隨母嫁不歸宗

天盤庚向　地盤半壬半庚　壬屬火也最怕八杀

猪离龙庚水刑湘仝主吐血瘀瘵

天盤乾向　地盤半乾半庚　乾庚双朝人吐紅瘵

天咳嗽

天盤辛向　地盤半辛半戌　主婦人吐血血主喑啞

犯鼓盜殺。一戌上有大池立亥向父子各剋三四妻。

天盤酉向　地盤半辛半酉　辛巽木也。酉兌金也。巽之八殺在酉雞二女剋戰。主剋妻。

天盤申向　地盤半申半庚　申猴金也。庚震木也。震之八殺在猴多犯人命盜案破家夜間常被賊偷以觜宿天賊星也。

天盤未向　地盤半坤半未　未震木也。坤老母土

受木剋。多寡母少年亡坤向。兼未坤多未少男
人吐血亡。未向兼坤未多坤少女人吐血亡
天盤卯向　地盤半乙半卯　乙坤土也。卯震木也。坤
杀怕兎犯者損三四妻。卯尅見坤水無然。
天盤甲向　地盤坐卯半甲　甲乾金也剋卯木陰
陽差錯。多鰥夫。
已上十四向。陰陽二宅止空向固受害。若水路並流。
為害尤速且並又有如沈坟與向艮水来王坟已丙

向與水来向水相湊合亦与水路並来仝斷惜世人暗受害而不知

阴阳二宅各處山川多好結乾坤艮三局人被山川所騙遊立此三向與卦不能悠久益此三向穿山中最多退洩炁也

乙丁辛癸第一甲庚丙壬次之八句二十四穿山中多生旺炁故富貴丁財多悠久特述示人以便取舍

志

坤方高邁人皆曰白虎昂頭又曰白虎擎拳又曰白虎啣尸再又曰金字杀今中採無亢請問人上四說准乎柳渾天宅鏡談中門甲之說准乎

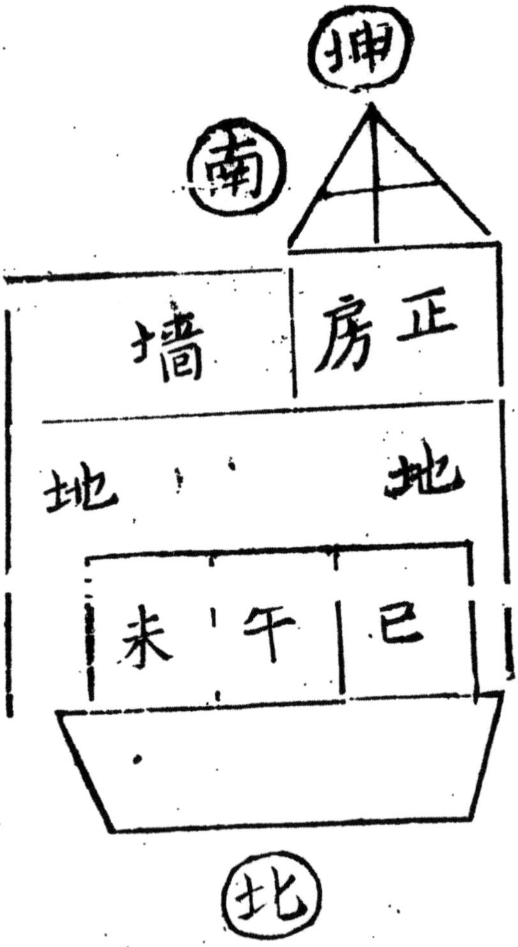

渾天宅鏡非但陰地吉凶立見陽宅亦然丙申年京中騾馬市小巷內正宅坐東向西右手另一書院子午局正房屋尖高起逼佔巳房余曰此房讀書者丑未年中鼎甲果乙未科紹興傅玉露館師中探花午向即坐下排巳午未三房者以廉貞倒掛頭也凡大小偏正房間皆如此看去

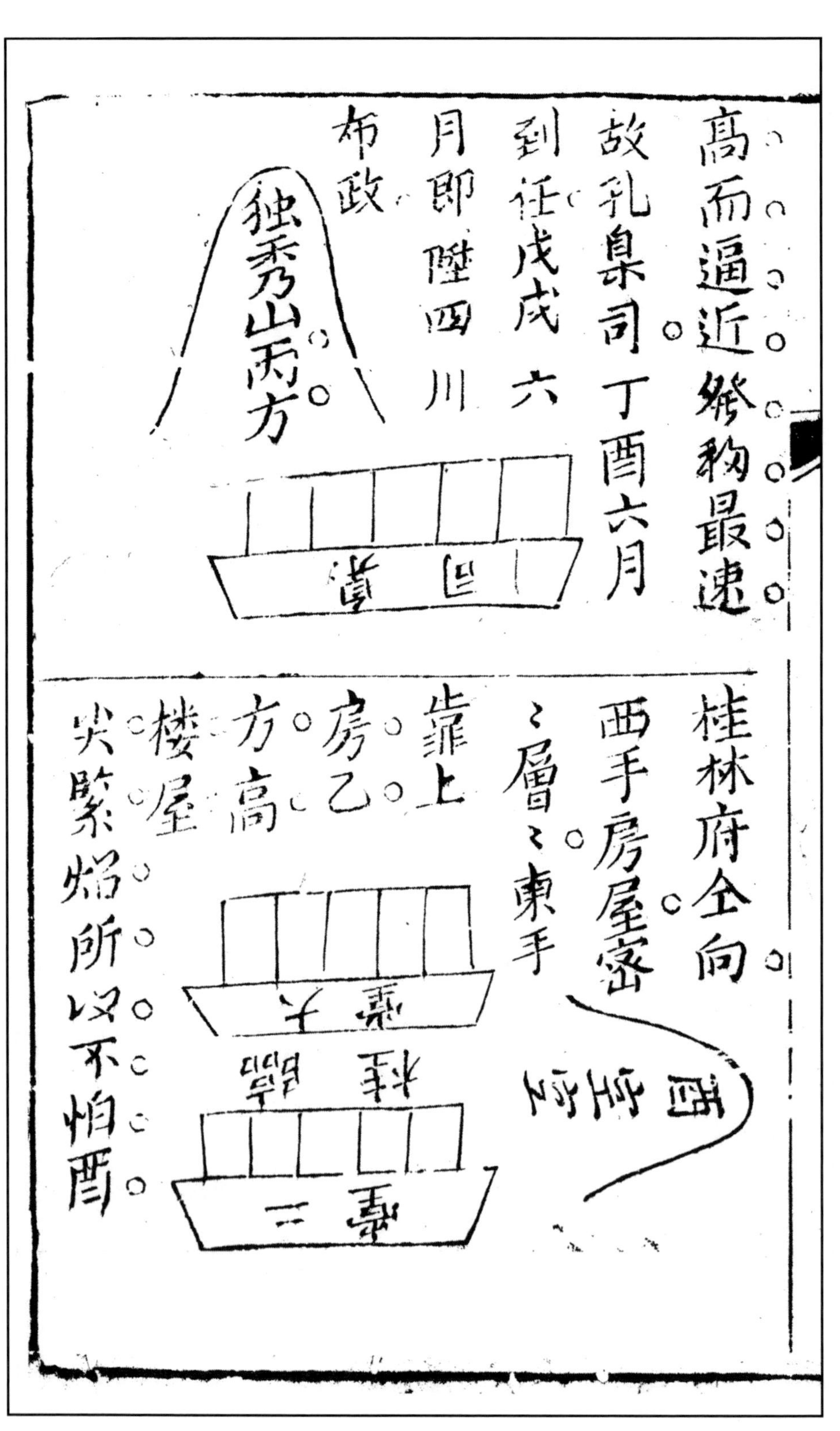
高而逼近發物最速
故孔臬司丁酉六月
到任戊戌六
月即陞四川
布政
独秀山丙方
桂林府全向
西手房屋密
密層層東手
靠上
房乙
方高
樓屋
尖紧焰所以不怕酉

丁酉年四月看臨桂縣堂丁向犯未未関之未酉方高山焰未乃云下半年大不利以酉方全空無房屋遮掩也次日康公曰昨夜雷擊余曰凶杀散已不意十月康公卆若不犯未則丙年陞官止差数寸尒

臬司独秀山丙方高壓余曰如此衙门官到任一两年即陞命盗案到此即赦適省亦少刑犯果然

藩司丁午双向余曰十官止一好多損女口果然廣盈庫介侯吳公到任数年夫人令媳皆亡

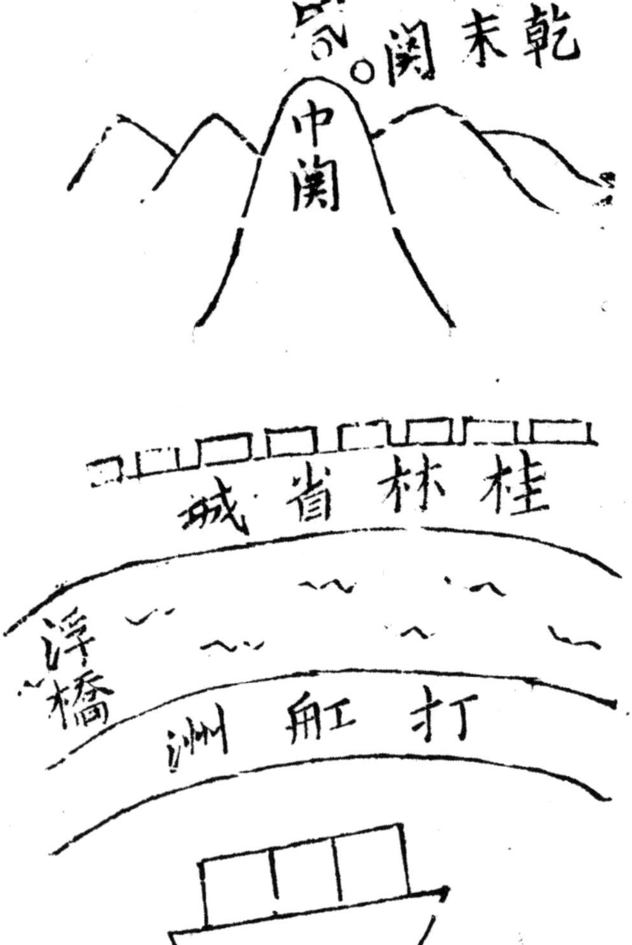

乾末関〇向

中関

桂林省城

浮橋

打船洲

桂林臨桂公署皆犯末関病

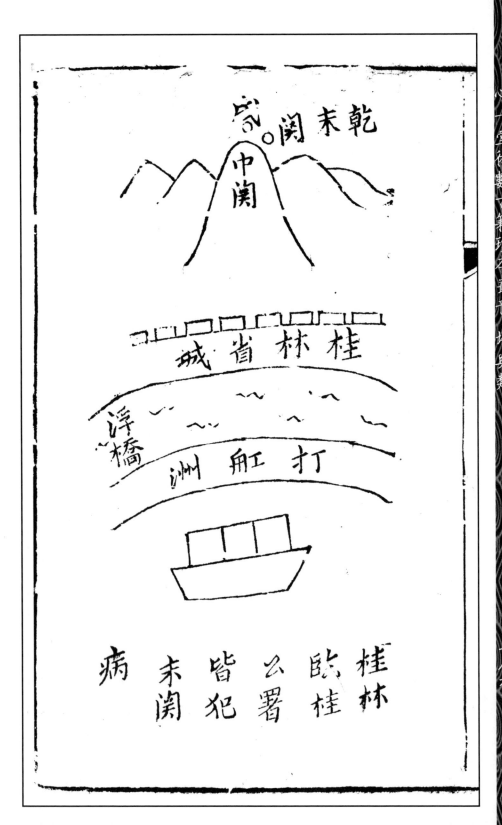

穿山透地皆有初中末三関穿山中関禍福最重初末減輕透地不論粘着便是假如一與初関左巳粘是初関即不為巳末関左辰粘着末関即不云辰戌戌正月看桂林打船洲王宦陽宅坐辰向戌五六十里外戌砂卓立山尖穿巳中関其房透地向乾末関之末余曰太占戌戌三月不利九月大凶父壬午科到部即選知縣滿肚地理書逢人説余妄言誰知果三月病九月死其子丁丑科来求救遲巳

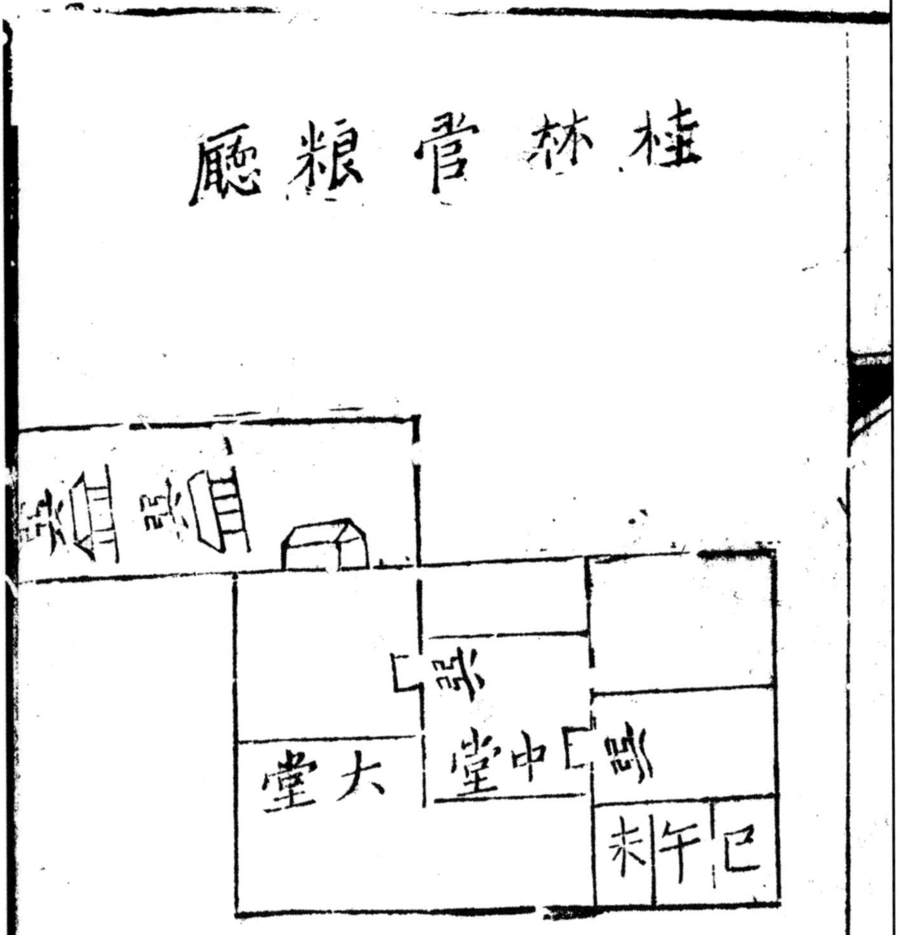

桂林管粮廳

大堂 中堂 門 門 門 門 巳 午 未

觀此周書八宅。分東西宅甚准。紫白吊替法。及論三元。當運不當運之法。俱不准。

桂林府粮廳頭门在巽巳二门起一高门楼出大堂視之正在巽巳上遘右手入中堂又巽巳门又遘右手到上房又巽巳门而卧左右间巳房又是巽巳余大驚曰如此衙门官要驟陞回寓吳介侯曰慕公現陞平樂知府驟陞三級由此观之蔣大鴻以巽巳管中元運今値上元不當運為退氣宜衰败而慕公以通判驟陞知府何也幕講偏出巽巳白吊替法喜生氣忌死氣坎宅九紫為死氣吊到巽巳而々不為死氣何也

李二府尊署全州事。賜翰云。昨　藩憲面諭全州吏目年高聾聵不必迎接　上憲臨時告假不出门可也　上憲代慮如此之周全烟户事自不必急行静候為妙。隨即具禀郵筒叩謝　藩憲外附禀云明年已亥太歲祿元在午貴人在子　藩司衙门午丁双向坐寅向祿時憲曆十二月十六巳未日午正三刻立春此時大六壬課太陽帶貴人帶祿加臨午丁向上拱焰子癸坐下。望　憲臺謹候此時將二堂中公座

移上前二尺座後設一屏風作靠背即高壁
公座准衙役排班叅謁以賀新春主大得
聖天子眷顧恩賜寵榮高遷祿位去歲　黃憲臺催
壁之法亦如此
吏目公署前堂乾巽後堂戌辰皆不足取困巳亥太
歲祿元在午貴元在子乃在後堂左手向南邊一正
堂坐癸向丁正月戊子日太陽在亥同巳丙時竪柱
上梁取歲貴之子加午丁向歲祿之午到子癸坐祿

貴互炤顏其類曰仪鳳堂左右两柱对聯録丁丞春
黃藩憲諭堦下無非赤子簷前自有青天吏目張鳳
藻謹誌如此

古先聖築砂法久不聞于世者以換星秘法不易傳
人也人得換星法則築砂撥砂任我運用書云改天
命奪神工者惟此所以每見人家祖塋時正發旺忽
附一穴立刻死人退財者以新塚堆築在煞方洩古
也人家祖坟時久衰弱忽附一穴立刻發丁發財并

發貴顯者。以新塚堆築在生方旺方也。丁丑冬。虎丘山前閱德宜宋宰相祖地。墩阜一二十四圈遶轉。一如梅花然。名為大單于格。圓廣二三百畝。圍大貴砂也。而穴場之地。乃在平板死呆處。主穴塚堆高一丈四五尺。坐艮向坤。山向巳犯洩退氣。而諸墩形勢又不甚有情。應當先代貧窮。不料右畔前附第三穴。環轉作辛山乙向。既得平陽中生旺氣。而高塚遶在壬子生方。諸墩排列。又依次拱焰。宰相遂于辛卯壬辰

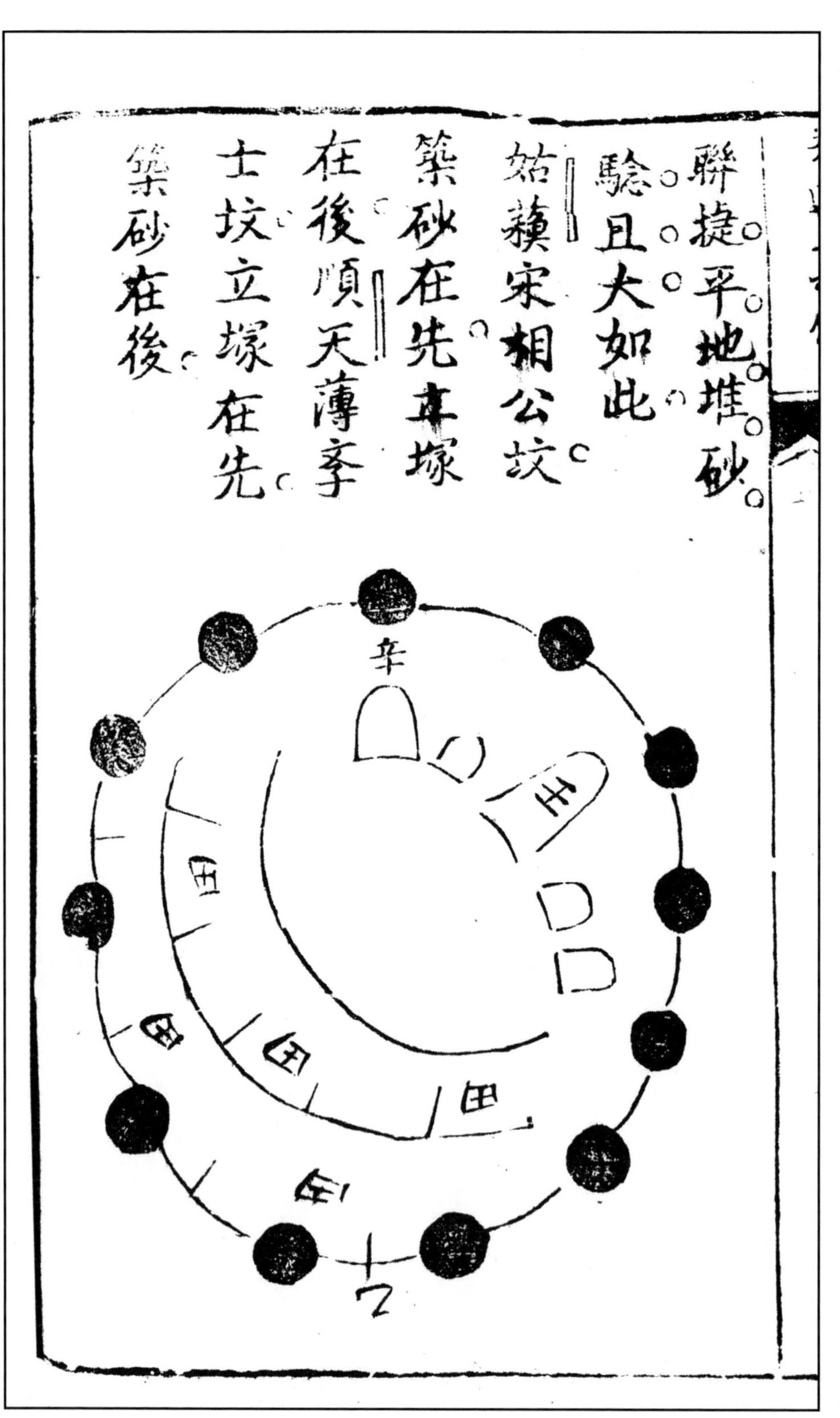

聯捷平地堆砂。

驗且大如此

始蘋宋相公坟

築砂在先本塚

在後順天薄亭

士坟立塚在先

築砂在後

此道傳授贄儀最重者，以不宜濫傳，故重之，示人以难也。不意有詭計刁奸，如臨桂西鄉池頭朱龙躍者，其叔祖刻堪輿一貫，廣西人家傳戶誦，止因不得真道，遂自塋親，自絕嗣。龙躍以太原二府丁艱，同籍，知真道难遇，設計誘余到家，甜言蜜語，說困例尚艱當，備四十金，餘夏季冬季付明，立誓表外，又立一誓詞：設補任日，再贈二百金。誓云：如有負者，神誅鬼殛，以罰不義。余信而傳之。數日後回省城，人皆笑墮其騙

計不意果然止知圖賴四百金而

已其又立誓詞者窺余心有不允之意故也

向讀賴布衣七十二葬法中有圍葬法言四面砌墻圍抱也隨閱建邑梘溪埠葛氏坟大二十畝今子孫毀墻賣無錫梌山頭陳氏坟五畝大原丁百数今止五六人深訝墻垣無益也及看龍游徐氏金斗形方員二丈寛高丈五六富近六七代又看無錫虎尾山潘氏坟左落高山生出平直山岡脉氣豐厚無石在稍動處是訣鑿丈四五大訣棺用梯下左氣即貫入棺大訣所以一年發也上築墻垣甚緊小訣不使八風吹容

山照大訣坐墻中左右數丈深坑不見大訣墻頭員平無些高低大訣六七子均利大訣此法西北諸省乾濶土厚砂水寬大及凡弟兄衆多公位難撥者大訣最宜用之觀此可悟賴公園葬真法也凡事要閱歷多方得其竅」篇中鑿大四五不使八風吹容山照深坑不見無此高低皆園葬法大竅　園式必如徐氏金斗但立園中見坤水坤砂便止三二子利滿園開小門外砌墻遮門墻頭無高低方八九子均利

消砂法

消砂之法用穿山虎訣有一山頭穿得一个者即作一砂論有一山頭穿得兩个者即作兩砂論有一山頭穿得三个四个者即作三四砂論此一法也又有山頭穿得一个者即作一砂論有三山頭穿得一个者亦作一砂論有四五山頭穿得一个者亦作一砂論此又

丙

文筆砂

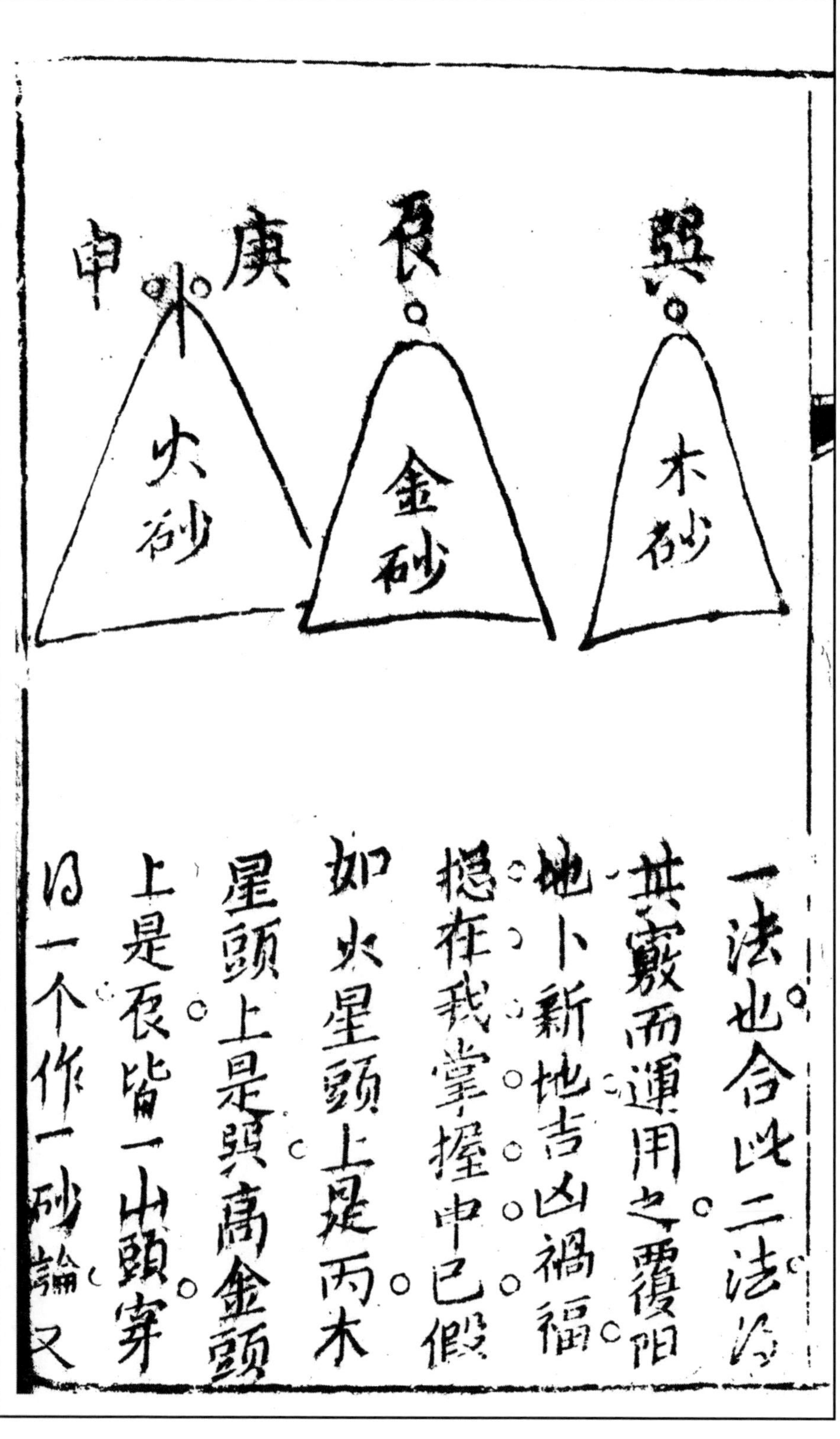

一法也。合此二法。於其竅而運用之。覆阳地卜新地吉凶禍福。總在我掌握中。已假如火星頭上是丙木星頭上。是巽高金頭上是辰。皆一山頭。穿日一个作一砂論。又

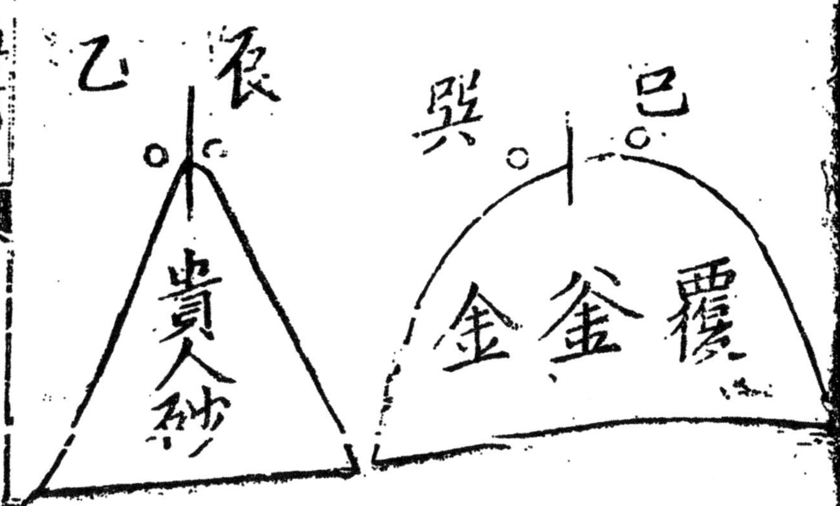

乙　艮　巽　巳

貴人砂

覆釜金

如火一星頭上庚申大武金一星頭上巽巳木星頭上乙艮皆一山頭穿落二个即作二砂論。

又如橫開土屏左肩丑右肩夘中間艮寅甲三処皆動大武金

壬 亥

卯 甲 宫 艮 丑

柱笏土

臺閣土

星中頂是巽左肩是巳右肩是辰皆一山頭突方白三个四个即以三四砂論巳上是一山而分作數砂者又癸双荐貴人左貴是丙初関右貴是兩未関又如天馬形馬

巳
巽
辰
太武金
丙刀
未
貴人
貴人
乙未
天馬
乙刀

頭是乙初關馬尾
是乙未關乃丙山
頭穿的一个作一
砂論
又如三四木星為
出陣貪狼一巳二
丙一午南方絶火
三四火星名為華

午 丙 丙 巳　卯 甲 寅 寅

出 陣 貪 狼　華 陣 砂

陣。一甲。二卯。一寅。
東方純木。乃三四
山頭穿得一个山。
作一砂論。已上斷
山而合作一砂者。
唯此二法穿山以
消砂也。

納水法

賴公以洛書奇偶數合先天卦位參看水路以一陰一陽之謂道陰阳相配方能生育故云万物之生不生于一。生物必兩奇配奇偶配偶方得兩數若奇配偶〻配奇非孤陰即孤阳此賴公立淨陰淨阳法也。洛書八宅用太極圖中四象以乾兌太阳坤艮太阴相配為西四宅以震离少阳巽坎少阴相配為东四宅東西不可相犯可見洛書之數天數也

乾納甲得戴九數　离納壬寅戌得左三數

坤納乙得履一數　坎納癸申辰得右七數

十二阳向得四正奇數為阳局

艮納丙得六足數　震納庚亥未以八足數

巽納辛得二肩數　兑納丁巳丑以四肩數

十二阴向以四隅偶數為阴局

阳阴局見阳阴水為合局以貪巨甫武四吉水

阳阴局見阴阳水為破局以破祿文廉四凶水

催官篇云三陽無砂水不貴又云有砂無水亦崢嶸又云有水無砂唯富旺砂水並朝更為冠余閱地四十餘年止見嶺松等府以水勝餘皆以砂勝求砂水並朝者絶少不意在德清蔡府上見之催官篇所云一局者有二丙午丁之三陽專論砂水法中離而難用巽丙丁之三陽專論水砂法中帶殺有害求其不離死殺者最難不意蔡府地朝山大陽金星起在丙午丁三陽方位金星山脚一大池水幾一二百畝蓄

蔡府新坟

前后二穴皆水遠元武左右相聚面前而且夾時承。

丙午丁

庚酉

豊

長

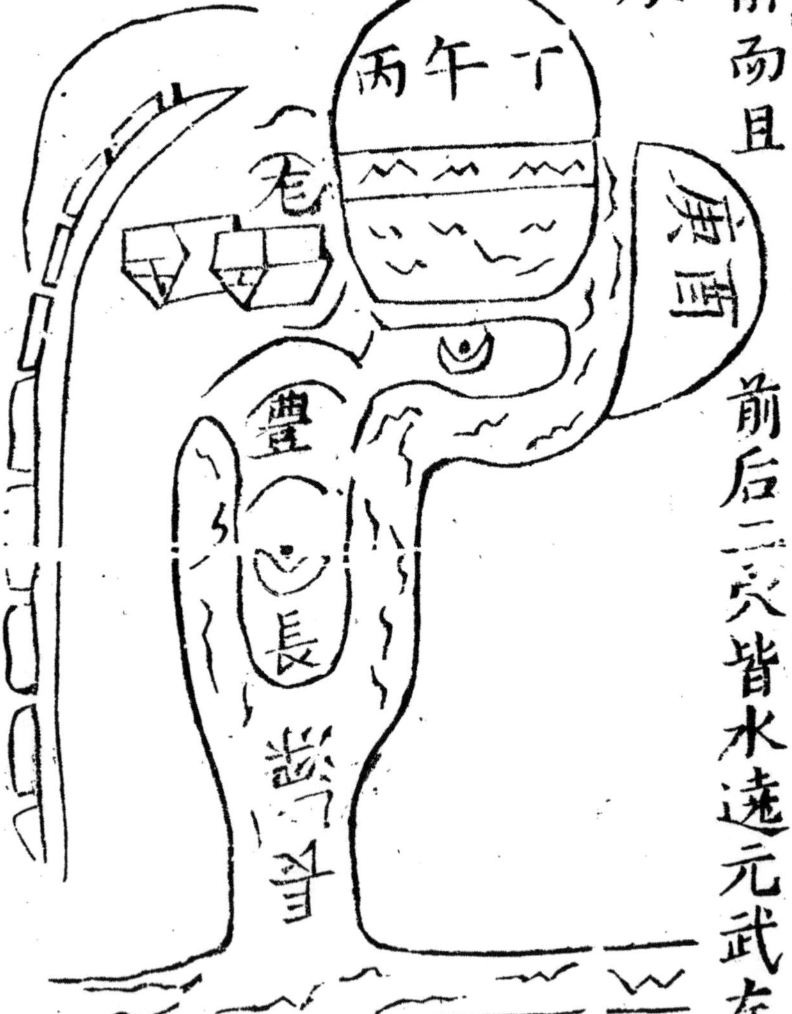

聖天子恩賜帑金又狀元公親自選擇公諱升元壬戌鼎甲君恩地理誠古今盛事也○癸巳年德清徐大司空靜園先生相招卜地閒起長生法余云此油腔也不可以之看地者看地自有鉄板定數支又吾又講話乃眞道假如今太老先生在癸丑發今老先生在乙丑發鉄板數定是左肩東北角上有大小兩峯高起先生曰果然然則余同邑蔡府庚戌壬戌兩狀元亦可不去看而言乎予曰何不可言之有據鉄板數

定在西北角上

有兩高

金

星若

去看

无兩高員

金則吾道不真便即告辭

次日五六人往視果然

壬

定

乙

蔡府老祖塋

左手仙人

跣足形

卯是後

龍亦作

山砂撥

己卯夏往太湖東洞庭山背看文恪公王鏊祖地。右手祖山乙砂游起照穴。午龍入首。各墳正癸向。止丁財。惟公祖穴點降脈偏右處。撥午卷頂入丁。來頭癸向兼丑。所以乙來流年中會元榜眼。時[illegible]澗口見伍子胥塚與廟。心甚痛之。以人多忠孝。雖子胥之事。最慘最酷。且一身兼之。因題一匾曰若孝若忠。神也有知。毋亦恫焉否乎。

易三槐全洲人傑也同懷十人槐行六偕五與七遷居祖母墳山之陽竭力邀余為之定基余到山見土衍：甲山庚向水走砂飛偶因坐次見正西酉上貴人峯卓立朝來乃問祖母生幾子曰三子余曰第二發福非卯命即酉命 尊翁果癸酉命行二壁六七年無意中得撫標守備余相此基亦應朝貴人峯左右山抱水聚明堂上梁課六壬特用丁酉日提貴人峯作貴人又取年亥月亥

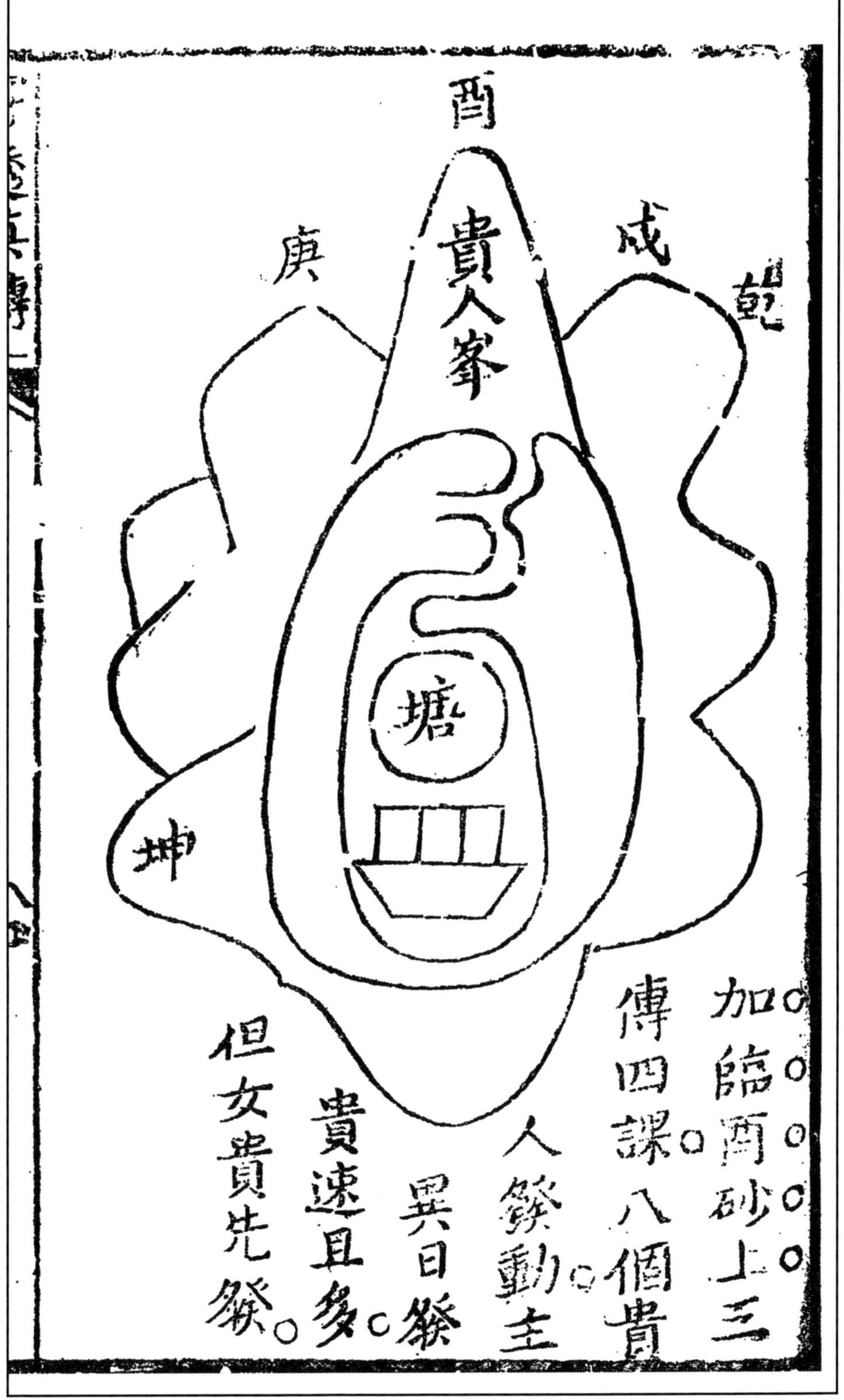
酉
貴人峯
庚
戌
乾
塘
坤
加臨酉砂上三
傳四課。八個貴
人發動。主
異日發
貴速且多。
但女貴先發。

嶶州大地余目見一沘坑尖一朱塘一伯山及岑山渋杭埠内豸山豸山開帳七腦芙蓉横長十餘里發下九啾外左股為程宅祖地外右股為程宅陽地皆發大福中股岑山塞水口盡結穴方姓出一南寧伯以右旺也用神尋常腰間正結格局整齊用神秀美婺許相公惜穴過高穿透中以木生火誤入水生不遂貪窮衰弱進内若山脚忽跌斷為金牛轉車竟似老蚌含珠形余構之即造五壙蛛右

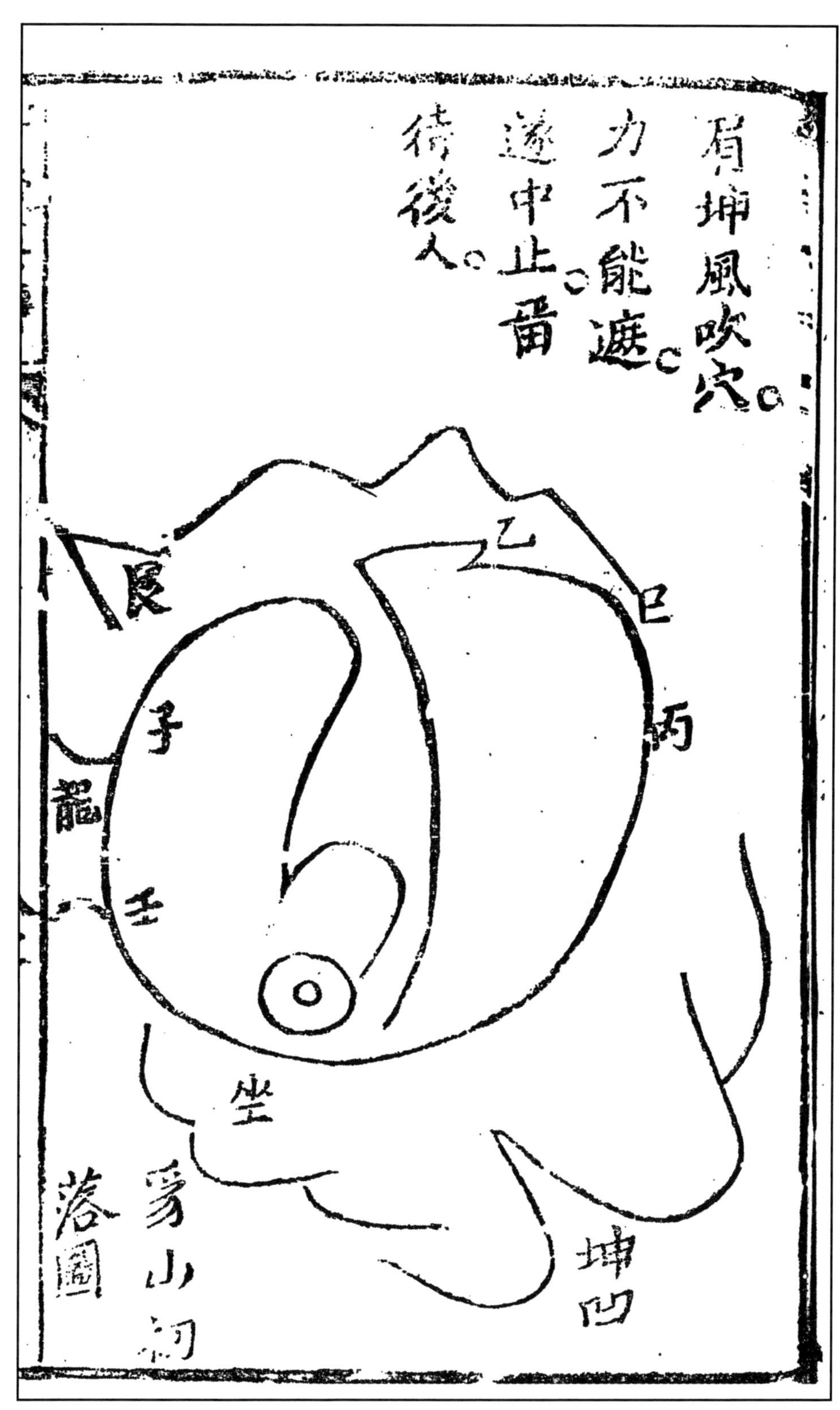
有坤風吹穴。
力不能遮。
遂中止留
待後人。
乙
艮
巳
丙
子
龍
壬
坐
坤凹
象山祠
落圖

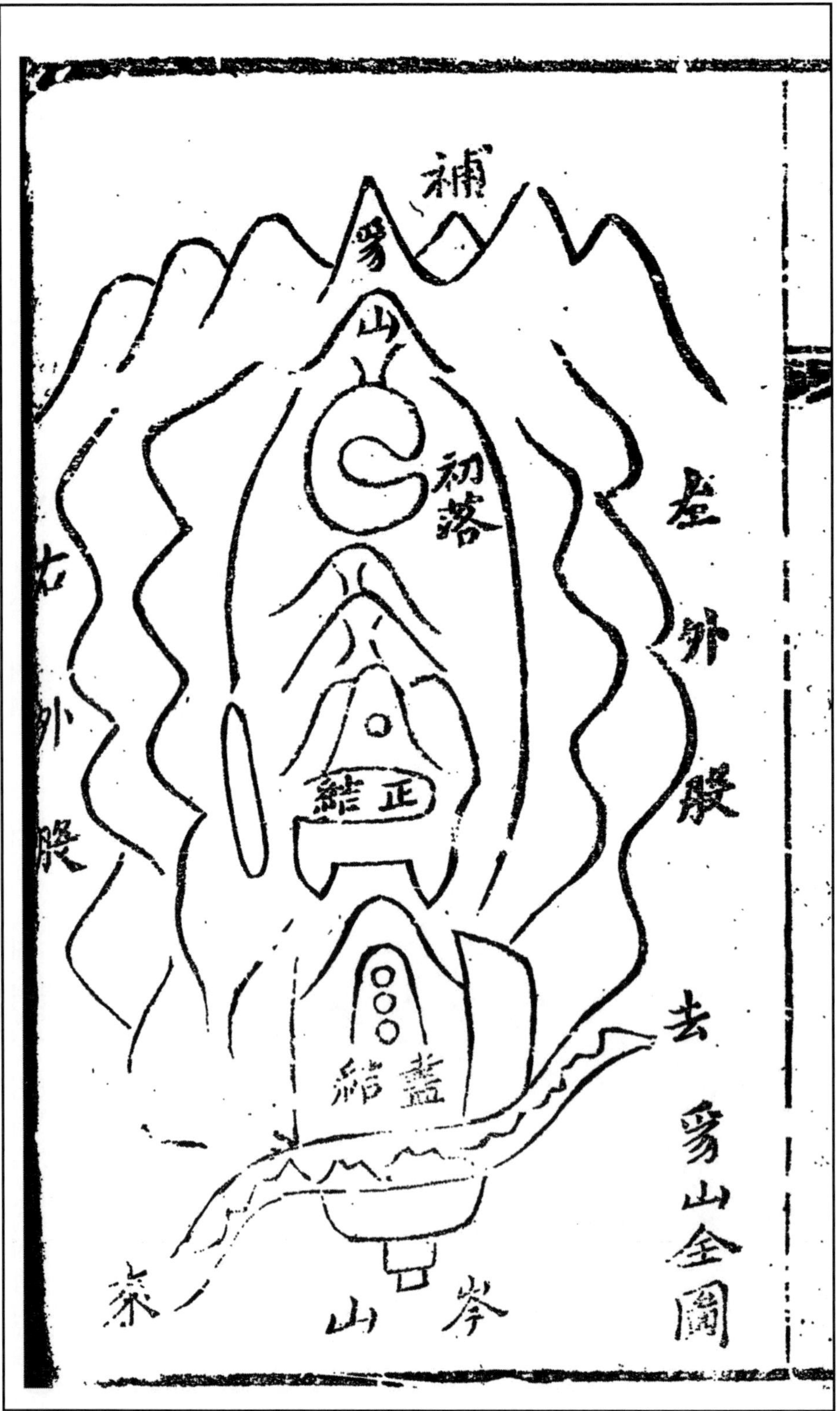

象山全圖
補
象
山
初落
正結
蓋結
左外股
右外股
去
來
岑山

因看沈坑尖地想及穿山透地新旧地兩樣用法

行新地穴前看定且未立坐向先穿看二十四山其山頭穿金其山頭穿火其山頭穿木方行透地穴中該透火龍逢木山得生發科甲逢火山得旺金山得奴發丁才次透水龍逢金山得生發科甲逢火山得奴發丁才逢木山得洩退敗便有疵金龍木龍土龍皆忌

此行新地趨吉避凶法也至覆看旧地先看穴中透地在何龍如透火龍方穿看二十四山穿得木山便

知他發科甲穿得大山金山便知他發丁才穿得水山土
山便知他絕嗣貧窮而其中全要看山頭為主山頭中有
大山有高低有前後有遠近有粗秀有長短有隱顯此處
穿得明白方可斷人家禍福之輕重遲發先後久暫大小
變換應驗一一不差再看古仙葬法何葬土何葬水何葬
泥何葬有危何葬无危此皆考驗旧坟方知扦葬新地法也
非徒以善斷人家禍福称奇炫能也徽州沈坑尖地以東家
時俗不能知此法所以埋沒至今已

穿透真傳

桂林西茶岦地圖

坎
癸向
艮
田
田
震
坤

八七

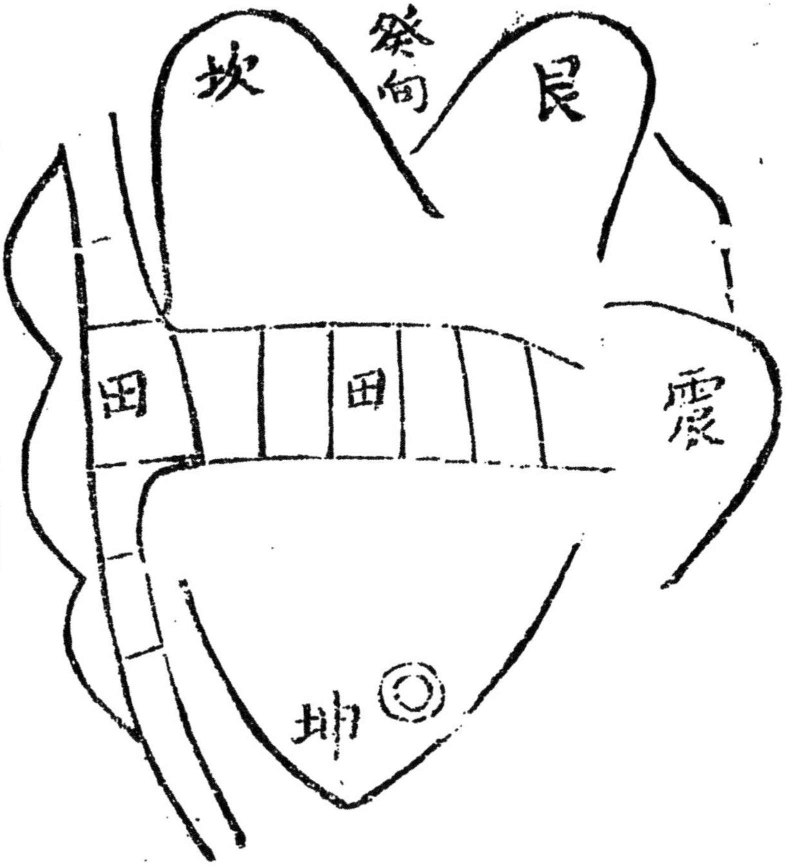

凡地總求壙中氣暖溫和生旺固發科甲。亦洩亦發科甲。惟生旺發者。徒金菊丹桂。日久彌香。亦洩發者。如芙蓉朝槿曉開晚謝不。此處辨別之法。非熟讀古仙書多閱發福地。不知也。桂林西朱姓地穴乘坤氣。丁山癸向。坎砂精華燦爛炤穴。艮砂亦煞震砂遥映。而發三人。庚午做同知。丙子一正榜。做教官不數年而卒。副榜亦即死。今此地發而禍福天壤。何故也。此處看得明白。學問乃深一層後地在密雲縣北近口外界上為鑲藍旗西定侯李府第三房葬頻夫坤也危自朝山十餘里外行來脊身逆轉收盡源頭內水口一大羅猴鎮住威猛雄踞來危亦湧躍奔騰勢大飛揚而左肩乾方貴人砂沖霄卓立結穴之場正在龍樓鳳閣離中外水口戈矛劍戟排列插天十面戰鼓坐鎮水涯加此大結構將見西定侯又生已

龍樓鳳閣地圖
穴中止見羅睺貴人峯外水口不見
祖山
明堂
內水口

復讀歌內兩水合局節後

吾將八卦歸元水。一一講來為君剖。乾龍入首甲砂高。巽龍到頭辛峯秀。坤龍乙水當面朝。艮山丙上砂水湊子。龍得癸酉得丁。卯龍得庚午壬。八母最喜。八兒砂。兒砂見水福亦茂。通書納甲號帑星。地理幾取絡毋守。辛龍到穴巽峯親。乙龍東出坤砂透丙。龍艮地砂水迎。甲龍到頭乾水湊。癸申辰龍得子峯。壬寅戌山見午。阜庚亥未龍見卯。山丁巳丑龍酉砂搆是為衆兒仗母恩較母得兒力更厚其間又有本卦水庫方喜來不喜走卯在喜見未水癸子在喜見辰水溜午在最喜戌朝堂酉在水來實喜丑來主富豪去即敗催官篇內天機漏會見入首是寅在戌水流向午馳驟會見亥在入穴場丁未水出甲卯實會見子在辰出申午在戌水入寅藪到穴非生即旺在水來之方皆庫手而且出生誕人丁而且冲旺富貴久並卯出水貫天罡並非旺神向庫投人丁富貴濟非常

流彼庫方貧少壽。歷來仙跡可登臨。四大水口真欺謬。世傳婺源官坑嶺。朱子祖母墳。梁上金斗形。所云梁上者。橫龍穴貼脊也。所云金斗者。穴前拜堂如燕窠也。今登視後龍。乃流山下。一如仙人側坐。穴葬在陰囊內。並非橫龍。穴前坪地約十餘畝。並不似斗。前案低與穴等。空曠無關攔。所恃者。右臂緊夾貼穴。左邊卯。卯乙辰山。離穴止三節。高護照穴。壬子龍俯注穴中。所以丁卯戊辰癸也。蔡子庚戌生。與孔子同命。考戌兖州分野奎婁文宿管事所以孔子朱子皆戌年生而朱子年戌月戌甲寅日主乾龍所納而得寅祿又午時生斷是戌乾龍午向庚砂焰穴之地闢得尚有三四美祖池其中定有誕育庚戌年命者在爲帝王聖賢仙佛以及節烈奸佞亦是維岳降靈豈空生者

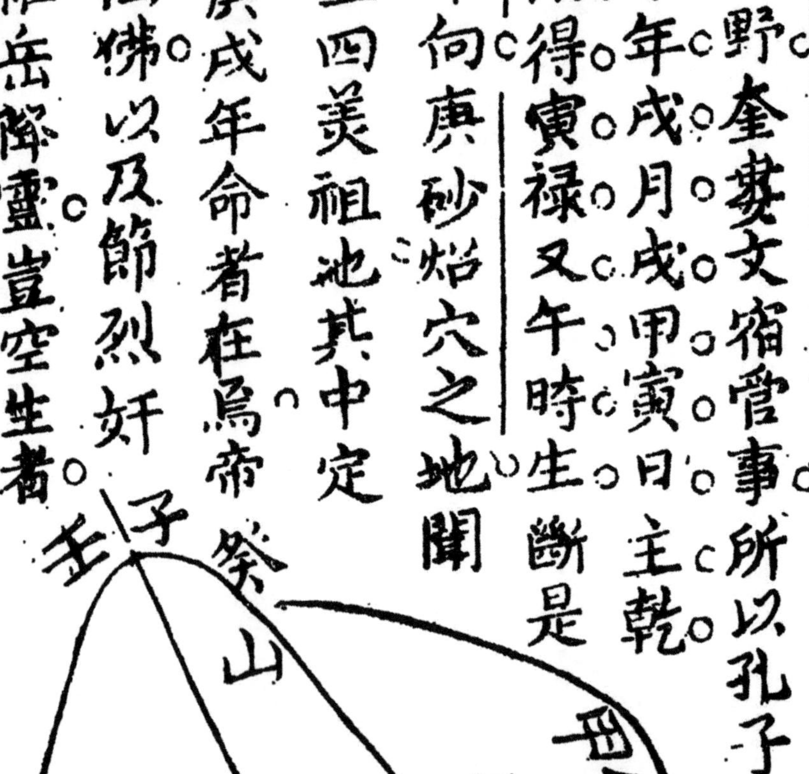

塋地法何令逞形氣篇有塋形者有塋氣者有塋影者夫塋形時術皆能爲之唯塋氣塋影非具仙眼道與法兼蘊胸中不克杆余嘗以如此地示人互被哂笑不意來金州北鄉地名藕塘見之愛圖而註之以示式焉

此地左邊騎龍脊向小塘者似得左得水而山川形勢不拱來所以不發上前左盡處者向六塘幾得局面奈位居偏旁粗看似正靜驗

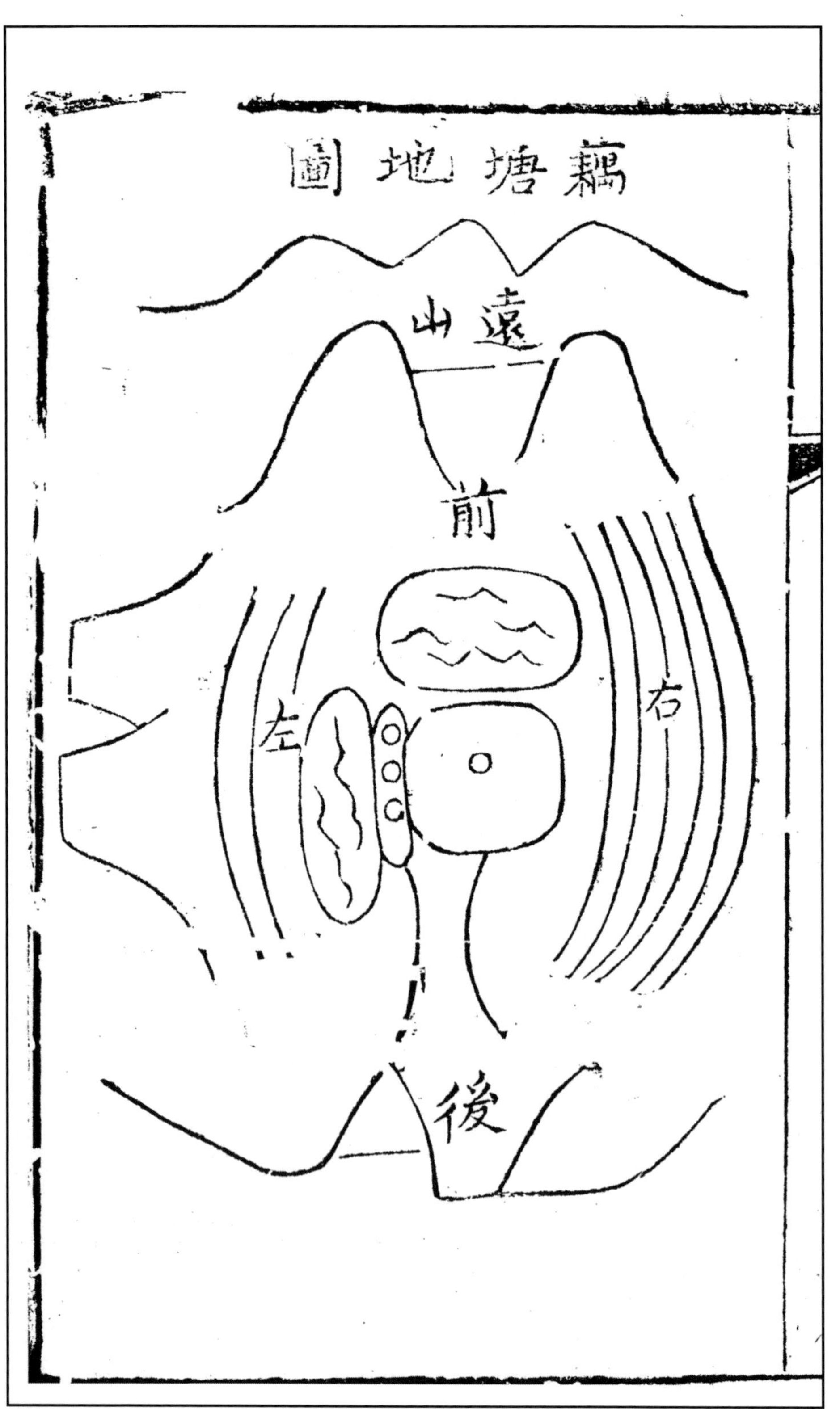
藕塘地圖
遠山
前
左
右
後

穴不正不正則形不親情不切秀氣遂減此皆倚斜墊形之弊也惟棋盤中心正穴墊氣墊影而又不脫乎形人立穴中但見塘水正聚向案正朝坐山正插端盤秀媚旺相之氣繚遶拱峙儼然一冢穿規模業堪輿者宜細心体認之方進乎技也此解元公謝太史新塋祖坟也公名濟世字石霖

廣西驛塩趙憲基到任次日召閱公署余云此

衙門極穩。不必多疑。趙憲曰。我要速于陞遷。你用何法以行之。余曰。臬司用獨秀山作用神故一二年即陞。今此衙門。催官薦元亦在巳丙方

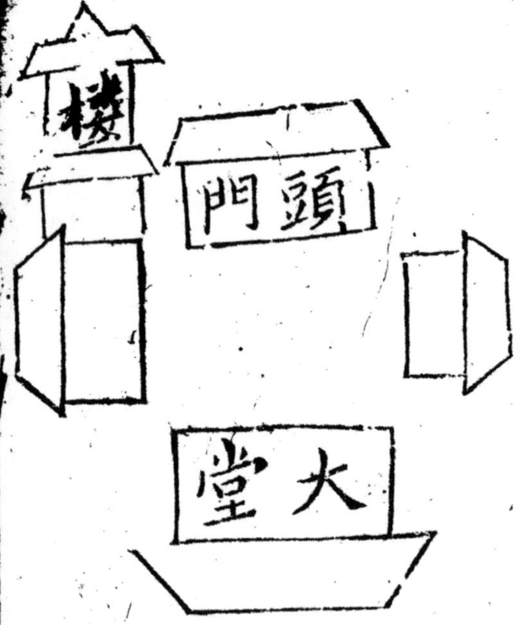

樓　頭門　大堂

位。頭門左肩起三丈五尺高樓。便令臬司一二年陞遷已。趙憲曰果如。所言。吾當贈銀六百兩。但此樓造後。將來各憲俱叨蔭庇矣。

向仙師撥砂之妙蘸州横山尾地穴腦来龍精壯結
旺俯視穴場高三十丈正頂土砂員淨居中肩左帶
金砂三分木砂揷在金后共得三砂穴左青龍亦高
起去穴三千丈得一火砂看地到此透地龍中用土
局乎則木爲煞用木局乎則金爲煞用火局乎則土
爲洩俱不要當仙師權衡其間見土砂主星突屼崢
榮全身獻秀木砂側伺在後火砂在遠在外透地乃
用金龍取土砂全副精神蔭注穴中所以官爵晁高

昆顯。但左手火砂。未免有害耳。此煞在外生在內用法也。兩山有三砂。此竅宜知。

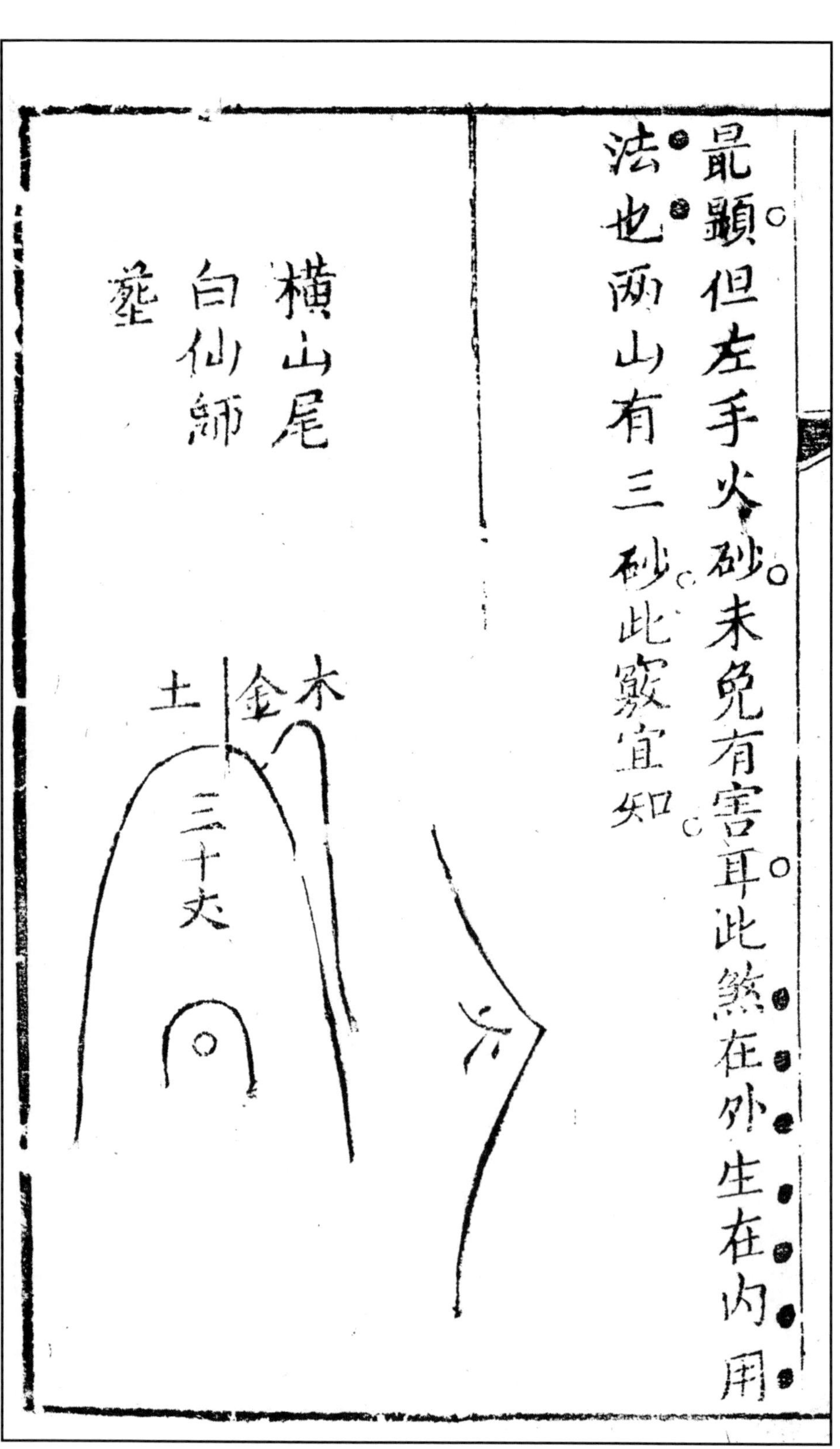

大墩阜仰天螺螄形

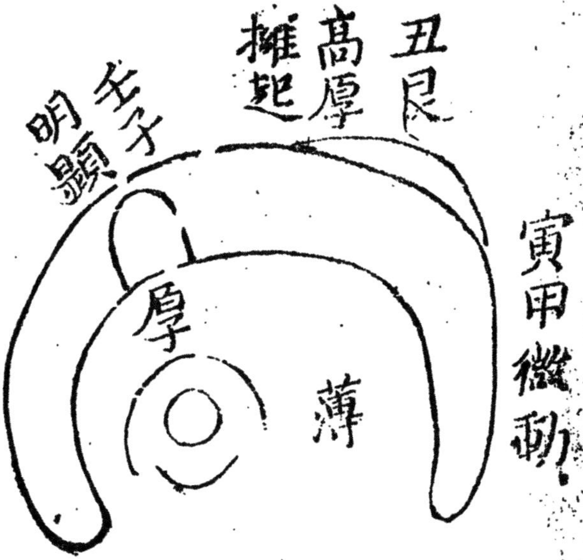

蘇州十房庄。劉氏螺螄仰天形。窩中左边薄。右边厚。穴近厚處頂上。古云、土宿中間似覆杯。是也、立兩向。

得力在左肩丑艮高厚擁起所以發貴壬子徽泡明亮遂中解元寅甲稍動發貴者受害惜仙師初塟時不用鋤剗平之穴點厚處頂上窩不塟心可知細看此地之法可悟海寧豐樹坟之看法已

觀發福地久遠者莫如金州蔣氏黃花嶺蜈蚣形穴在萬仞高山之半塟入鉗內左右緊夾巽尨扦天臨乾向左臂末砂尖秀高起餘山行出十餘里右臂甲砂擁護長止半里生二孫長房當代即發侍郎

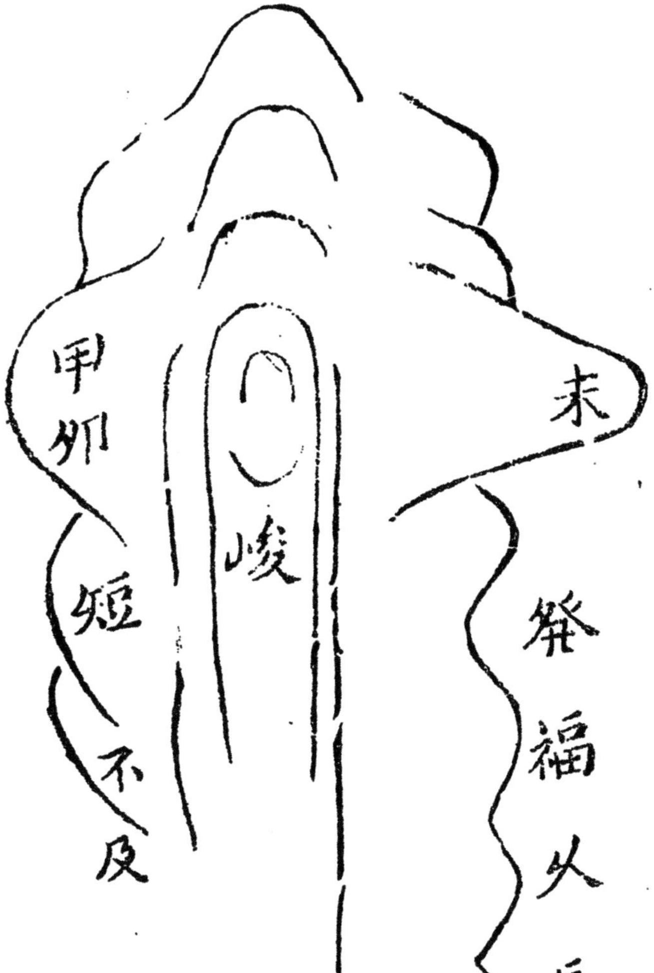

未

發福久長

峻

短不及

甲卯

公。至今十二三代。每。代。發科甲。定有三四人。現今住柴頭灣者。兄丁卯。弟已卯。卯子姪辛卯全榜三兄弟。又甲午乙未。聯捷一人。全癸未中者。親叔姪全在翰林。三十年中。一門四舉人。二翰林。皆未砂所發。世遠年長。發之纍纍。誠美地也。次房。止丁才生貢而已。然二房旺砂。竟被長房生砂吊來。其奇想生高旺低之故。劉自然甦。真地仙也。鄉科在卯在甲。進士在未在乙。發。觀此科分流年。誰謂地非板定者。

休寧程淑義曰。凡地後山高起。面前寬大。方為壯觀。

余曰今人家發福地皆如此。而余私見。以後山高起者。轉向作朝。面前寬大者。取為后坐更好。淑義不肖。後往九華進香。同向余曰。先生之言。誠為有見。余觀九華。佛殿居蓮花中心。九個山頭環拱。大江水自安慶百餘里長。當面拜來。地藏王佛真身坐來左以收江水。回正理也。後李太白。將殿門向安慶來大江者。改轉向來左坐山。自從改後。日新月盛。佛王較往時。更加靈顯。正合坐虛向實法。方信先生話非虛言。

但午龍午向未免多火災爾一
傳聞京口大江中金山寺金山東晉時郭璞令子壘
其身余曾登臨見江水湍激往下奔流金山一臂棒
入水中向上攔截之甚為可觀夫何仰望龍潭皇天
蕩水竟汪洋浩瀚空曠無涯矣金山如一浮鷗主不
勝客即使當日郭子葬丈正穴亦未必發福然槪東
南大勢言之又該是一大地郭璞地仙定有確見因
想北處天工應當人代追念宜游徐氏金斗形海寧

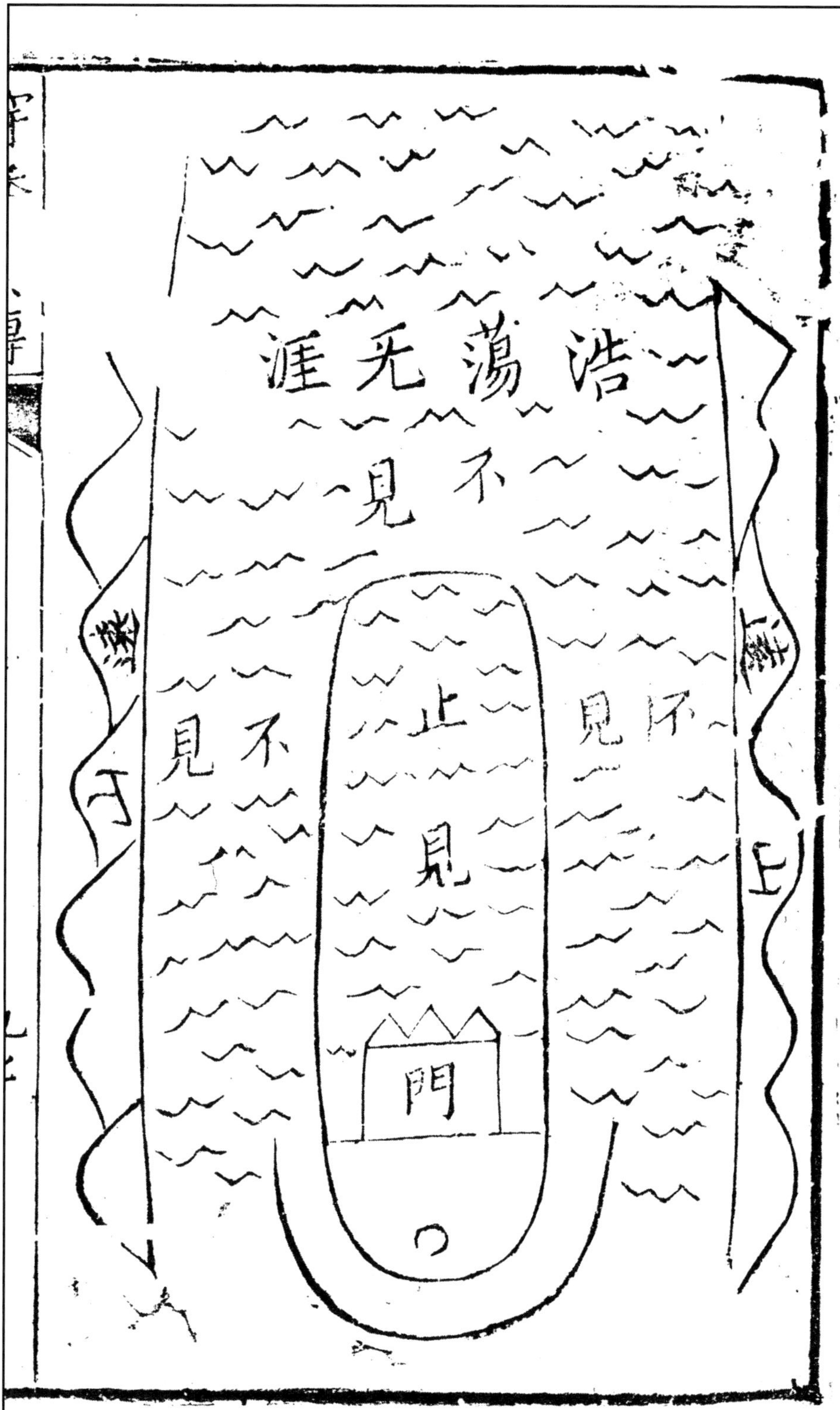

浩蕩无涯

不見

不見

不見

止見

門

上

下

陳府乾山巽地二作法此地亦當在塚堆坟面之前竪一大門樓濶五六丈左右砌築高墻遮去大江兩边散漫之水人立穴前從門中看出去窄不如箭射寬不似風飄止見江心水光灩瀲舒徐不迫而来將岷山數千里秀氣盡行吸入注蔭穴中再加消納妥當如此地詎不是萬年天子幽宫自然社稷永慶無疆或曰佛殿僧房若何余曰止取穴場前後左右各穿心一百步餘俱留不毀使朝夕聽

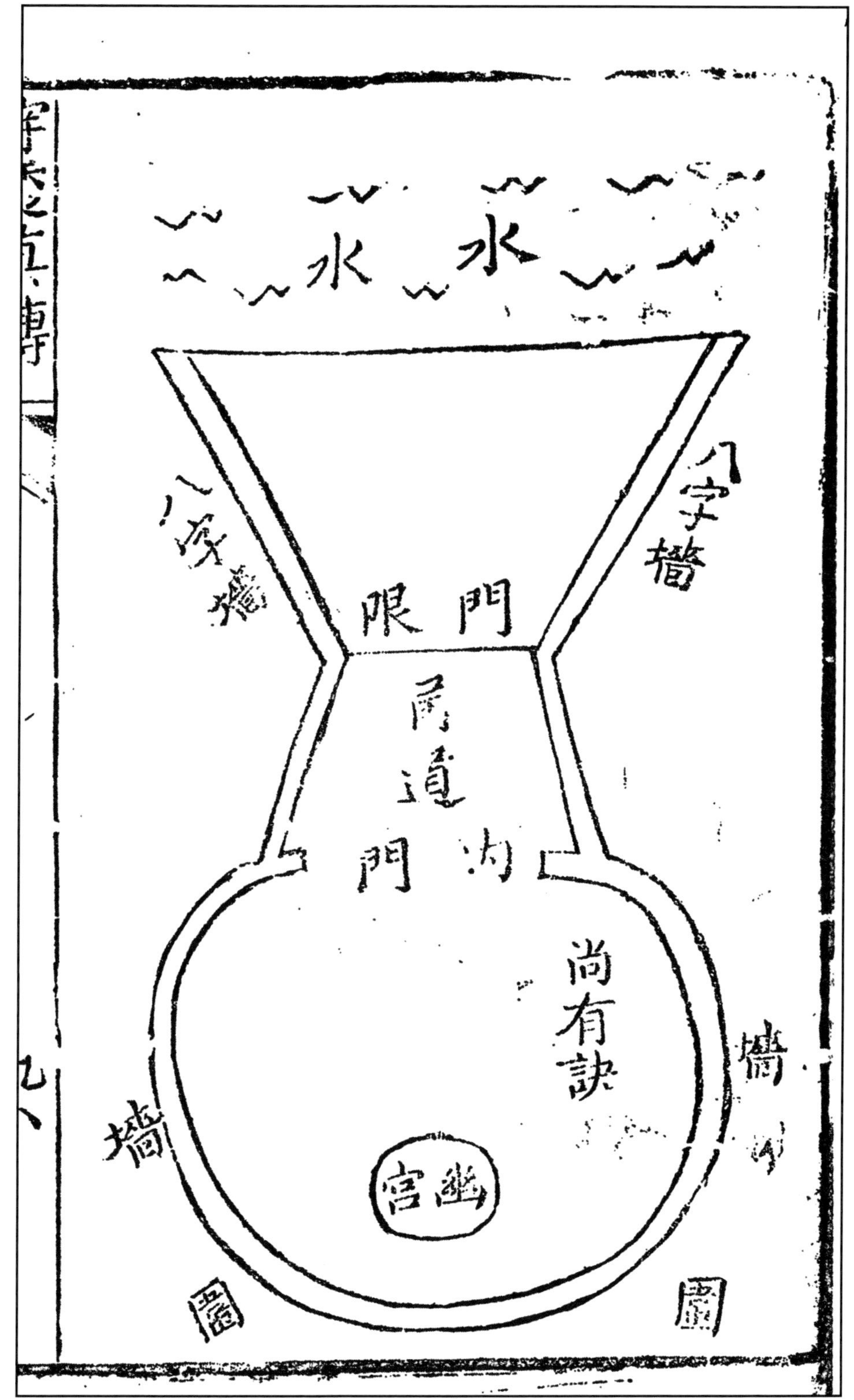
水
水
八字墻
八字墻
門限
甬道
內門
尚有訣
墻
墻
幽宮
圍
圍

聞念佛誦經鐘鼓磬魚聲亡人大有利益雪心賦
危楼寺覌忌聞鐘鼓之声忌字當改喜字
人立幽宫前看面前地步該長若干丈乃立内門
限上外砌甬道乃立外門限先看江面宜用若干
寬次看立向門限宜正不可犯陰陽差錯次看門
頂横梁高低該取江水若干長須長短得宜與左
右濶水相稱門外八字墻宜大不宜小所云張山
食水吸尽西江之法也此法不止金山用凡平洋平

陽用吸水法皆於

乙未年往京北看地○涵窑雲縣○見其來龍層〻廉貞火星○龍○樓○鳳○閣○体○余曰大貴地也○人曰此龍從口外來○近千里○左右○隨龍界來○亦有數百里長余曰此帝王千秋萬歲地也○慎不可輕說○人有葬之十惡大敗地○初年墊下○初年即發○如雷○數十年後發福人辭世○其惡地應○亦如雷○而當時世人盛讚其為美地○至今已敗○尚不知其為惡者○何也○乙卯

年遊抚州。往靈隱看地。從西湖上岸。遥見寺後半山一高坟。人謂余曰。那黄宦坟乙酉年葬。丙戌丁亥即聯捷入詞林。今作尚書。已余曰、那坟高而危。不是個地。及行至山脚。見數荒塚在凹腦天財腹中。余曰、此地可出宰相。忽見右有壬砂帶亥三分。余曰、雖發恐有不足處。仝衆上山。但見新坟在祖坟外。正乘亥氣。立丙向。右手酉上。一高太阴金逼焔。余曰、此不可言廸。淺十數年。叨教卜。榮歸故里。福壽双全。盛旲太爲及壬辰年。余赴鄞縣仇滄柱先生。過杭州寓荐橋張宅。見斋頭御用宝墨。問從何處得來。主人曰。此黃府拿出街上換米者。噫。何其賤哉。

西湖勝景甲天下。而西湖中湖心亭之景。又甲西湖。南北兩山左右抱來。西湖汪洋大水瀦蓄。于後若有旺氣穿透浮簸。亦是一个地。

楊救貧、怪穴歌有藕斷絲聯。遇水安橋二圖。穴法中取氣甚巧甚確。余于旺游楚趙緣督仙師山中見遇水安橋穴至蘇州橫山尾見藕斷絲聯穴穴中受氣一如過水田之說也然要發富發貴須兩边夾耳山皆成星体或金或土或水坐生旺宮方可言地非徒止一氣也此取安橋絲聯之意也

乙亥年武進南門石巷裡見一地左手山高二丈腰間脉落平地起上右手山亦高二丈一鉄匠橫垫平地騎在脉上向收來水後培一土堆作靠子隨捐納知縣此亦過水安橋意

乙未進郡寓鑲藍旗李府主人述塋親亥龍入穴壙中啣柴橫葬坐申向寅兼庚甲余曰據說來龍是真亥則長房受虧已果葬下十數年長房三四子女盡亾後到地視外立壬丙局丑艮砂高塚堆高一丈餘塚後亥龍高與塚腰相等凡地納水之法止看坟面碑石不可犯八殺陰陽差錯以辯水之合局破局消砂之法視壙中放棺有正放者有橫放者有斜放若看穿透用法定公位吉凶總由棺之斜正不

拘。技。面。

寮雲之北

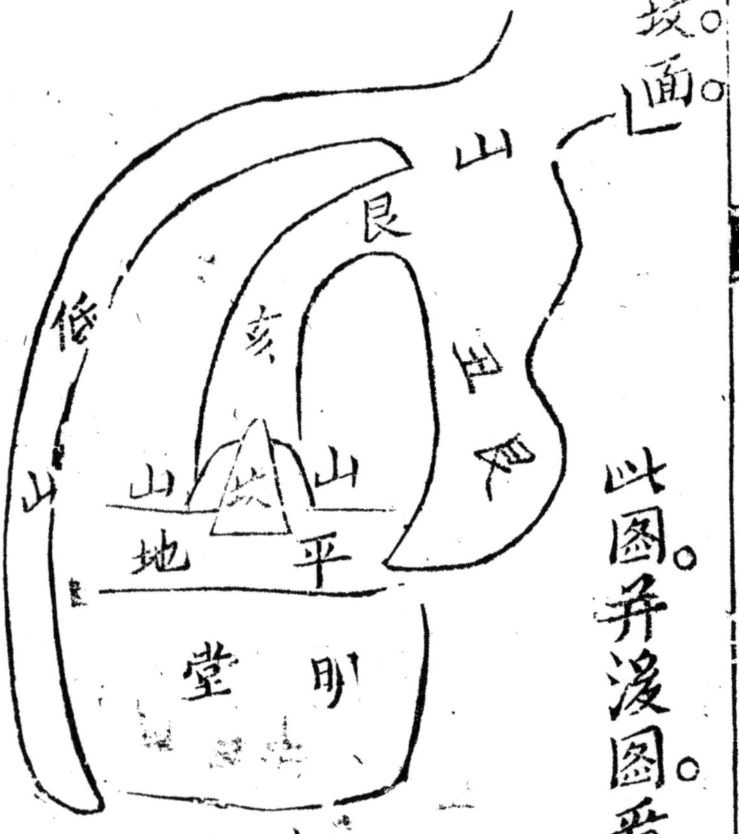

山　艮　亥　低　山　穴　山　山　平地　明堂

此圖。幷湲圖。看峦頭竅。宜悟。

若炲壬丙放棺。二五受虧。

塚尖。高于后亥危。

凡砂高者強。低者弱。正理也。張无錫馬鞍螐蜱庵落平陽。左庚酉右丙午揷天。顧氏扦辰巽向。竟長發少不發。時夜飲坐言之。余思右雖洩實高宜小發何發長也。忽想此定扳鞍穴。左边丑艮有墩緊貼穴。當故也。次日到地看果然。此見砂雖高而遠不若砂雖低而緊貼穴也。

無錫馬鞍塢顧氏地圖

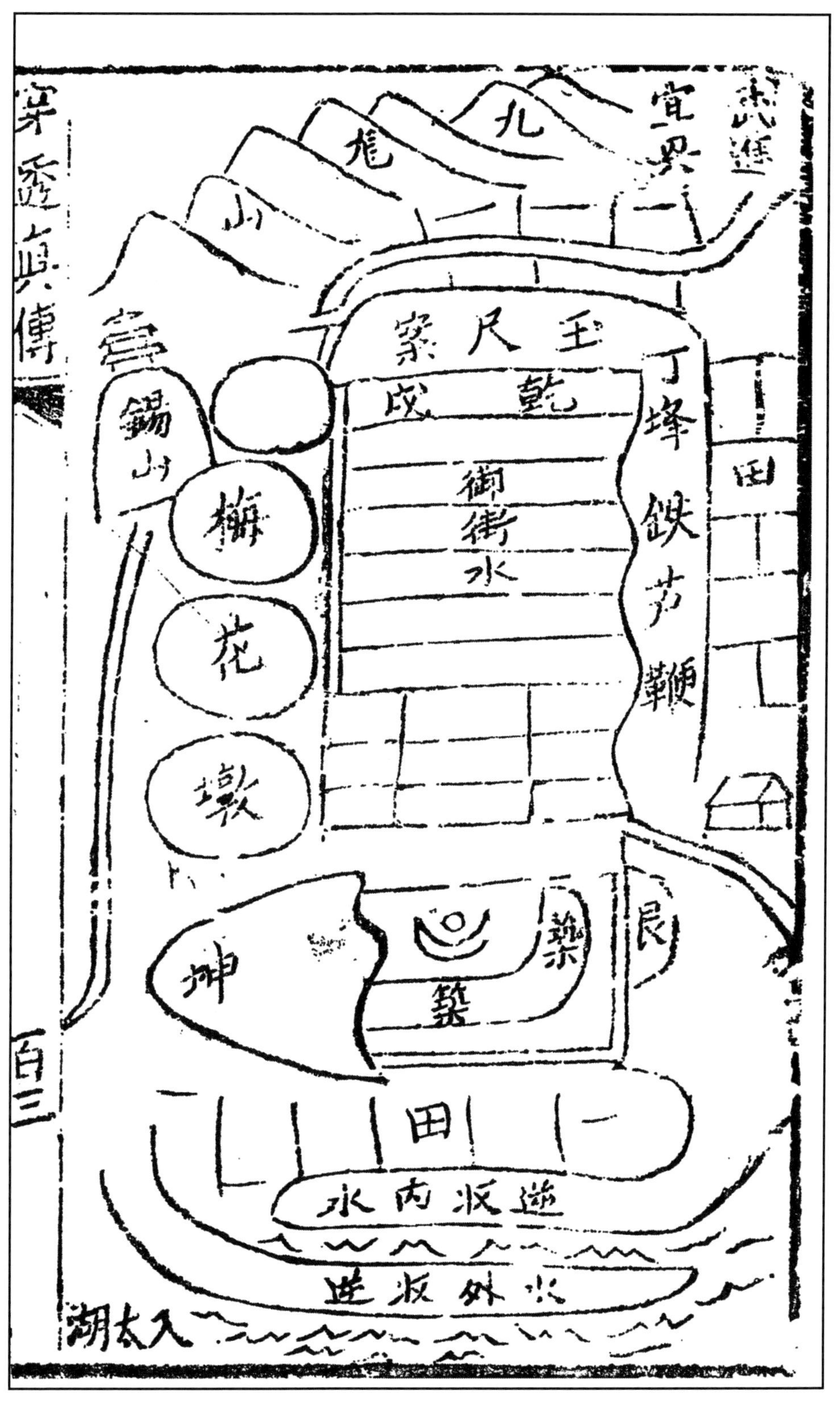

穿透真傳
武進
宜興
九
龍
山
玉尺案
乾
戌
丁峰
鐵節鞭
田
御街水
錫山
獅
花
墩
艮
坤
百三
田
逆收內水
入太湖

甲戌都中回南過无錫見山明水秀人文繁衍遂卜居西門外堠橋濱因九龍山一方之望清翠秀色注萃里中不意丙戌王狀元錫爵此丁峰濱地取塟余身失去復來龍山作太祖錫山作少祖落下平田直龍進城不起墩埠此則墩埠從荷花橋過河生雌雄二龍雌龍起梅花墩三四个穴結大墩嘴田中雄龍鐵梗芦藪作祭作白虎夾護雌龍行至穴右與雌龍合而水出焉中結明堂成御街形長近一里層匕

拜到交下坤申龍外立乾向以收戌乾水內透地龍入火甫星水法云乾水多富而且貴龍神喜坐坤申類合天地定位局也後背右肩砂遠淺背取大墩腳泥築巽截龍氣從左入穴右肩取大路並泥築艮截佳去龍以人力補天工庶兩子均利內外二局俱遂如若地可多得耶

全州龍水上名寨背蔣氏八代祖墓也主山五股分關冲天木星從中落脉穴點虎口面前一大坪形勢

精美无比。余丁酉春見之。深羨如此地。應該屢世科甲。夫何扦巽山乾向。發[illegible]乞用

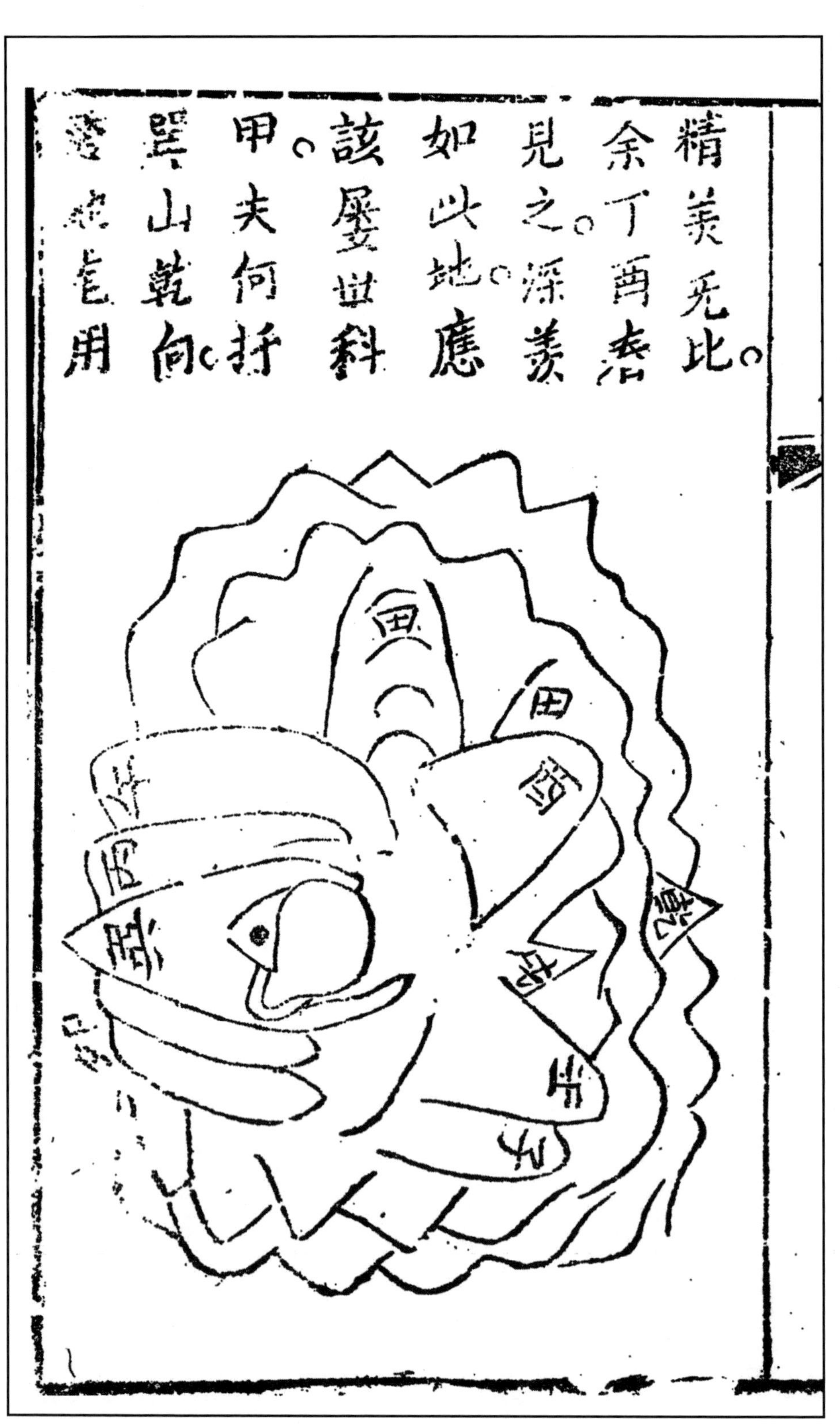

[illegible]山滑二水八火一金生氣罕見熟洩紛紛大撫上[illegible]結精本意心中怪異四五年庚子秋初周道先生登祖名余覆閱余在祖穴前細加推發終偽勉強不愜意忽　先生佇立右臂彎曲處呼余視之心曰豁然大悟曰此挽藍穴也天生一卯山酉向地透地入穴四殺星峯不揬而合催官卓立東南祿神巽起酉此系四五年疑慮一旦渙然氷解以巽龍巽秀言之二十年可至台銜益催官訣以本龍自為

之因甚遠者也凡地砂顯而穴隱人之求地唯看砂情会合処方是真穴隱藏処世俗不知此竅徒以門面硬排者為地自悞人正多也　砂情会合中併求生旺尽去衆凶

僅官篇云砂形雖美位凶方亦恐歲久非患赤是凶方指點淺方言也歷來地理書誤以貴人金鐘等美砂不可居辰戌丑未及各凶方不曉其中有生有尅之辨砂以美砂居凶方不利則左游余氏西京鳴

大金鐘形義也。而位向方成奄。嚴陵詹氏上二鄉
太陽金形義也。而位向方戌。骸。余則父甲戌。子壬辰。
詹則丙戌鄉榜。壬辰會榜。竟不與各地理書合何也。
所以詹桂佺先生得道後。深曉分別生剋之妙。心悅
誠服。定要執贄也。丙申冬。題全州轄署廳曰吏隱誌
云。嚴陵張九儀余地交。所由受業也。先生非但堪輿世
學。胸中經濟蘊蓄殊深。本不欲來全。因九卿科道交
勁而至。余因題此。明非其志所願也。本來具述地理

穿透真傳百里松蔭篇內云

余戊吾先生塋親初塋上次塋下直頂辛龍俱不發

第三塋山腳鐘沿口近地斜頂戊龍扦乾巽兼亥

已服看子辛酉戌中後孫辛卯解元壬辰入翰林

戌亥戌破衆斜甲方夫子曰世八止取三吉六秀不知辰戌丑未向大辰戌出帝王出聖賢如紹興禹陵留春天子周山東孔陵皆辰戌向也丑未出佛出仙昔郭璞爲許真君江西匕山塋地是未向金州無量壽佛郴州人郴出七佛三仙其湘山誌載釋迦佛出家時金甲神云月與鬼宿合大聖此時出家又載鬼宿明佛影與照對豪是鬼金羊前佛出寂所以郭璞爲許真君塋未向也又甫星丑水合局歇出人信崇求佛道如此

若乘辰戌丑未較三吉六秀力更大各地理書何汝汝也誌又載鬼金羊是朱雀喙柳州隷翼火蛇是朱雀星皆鶉火之次傳言佛教火道教水牛金牛玄武水次傳言當非誑語　歷來地理書皆載辰戌丑未次賤乾坤坎离次賤甲乙壬癸殊知人家雖上甲庚扦辛酉向卯酉科中壬子庚扦丁午向子午科中坤庚扦甲卯向卯未科中乾庚扦丙午向午淺釋中進人何苦拘泥偽書而不考驗人家發福也

造化之生萬物周出天地而天地中運行造化之機實出日月天有十二月地有十二方日月照臨處皆造化宣布處而照臨中又得互相照臨造化爲更厚如辰龍二月司令太陽在戌以照之太陰對望在辰戌龍九月司令太陽在辰以照之太陰對望在戌此辰戌二龍較寅申卯酉不相對着造化爲獨厚也未龍六月司令太陽便在未太陰在丑對望丑龍十二月司令太陽即在丑太陰在未對望此丑未二龍造

化固厚于亥子巳午而較辰戌又加厚焉者以辰戌二龍太陽稍照尚在對宮丑未二龍太陽竟照臨本宮宜布造化故辰戌出帝王聖賢丑未更出仙出佛能超三界夫何歷來地理書不究心到此也此又承

方夫子獨得秘傳驗之人間舊地悉如所言

撫州雲境呈坎天尊羅真人扞宅飛升踐土至今其邑不出一葦陰地有飛天宝蓋

江西許真君亦扞宅飛升陰地未龍

甲申年秋季
與汪薇老先
生看此地余
叫立层樓
不發主順流
下八川頭
分移必出
去正此方

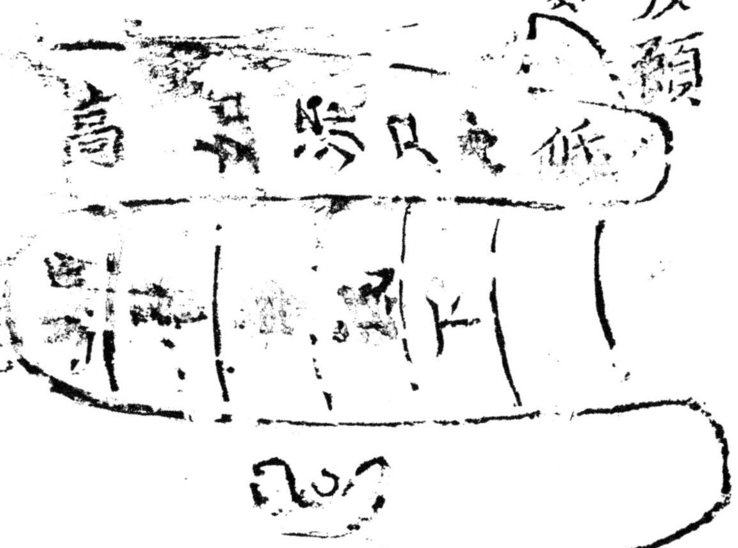

明○○先生墓也經畧遼東時○吳三桂親塟塵下○緩
尋○○西直雲去○來訪○第三公子去甲寅反數作偽相○
事○○一家遭戮余曰穿山并元發氣止水法犯破軍○
望刀形可畏凶在二房何為三公子犯○先生曰未塟
時二房先絶三房便作二房○先生教塟不差但水法破
軍何以亦如此凶余曰世人不知砂力重如此惡砂現形則
惡水亦如此○庶若砂形秀麗擺重惡水使應得經地理書反行
術人止知紛紛論水不知看自古來人家發福地皆由砂

卦實人看地以巒頭形勢為主巒頭取其堅固形勢取其親贍便發福也自羅經解出而各家五行議論紛紛余逐一研究攄其所論吉凶以考人家禍福皆游移不盡一幸得海南仙道方有真知確見精製羅經九層第一層先天八卦即太極圖地理從此之原也第二層周公指南針地中方位十二支合天上躔合十二宮也地理之道盡此已後人又加八干四維為二十四陽救貧以五行干旺為主火旺于午遂

丙午金宮。水旺于子。遂壬子金宮。木旺于卯。遂甲卯。金宮金旺于酉。遂庚酉金宮。以故寅午戌

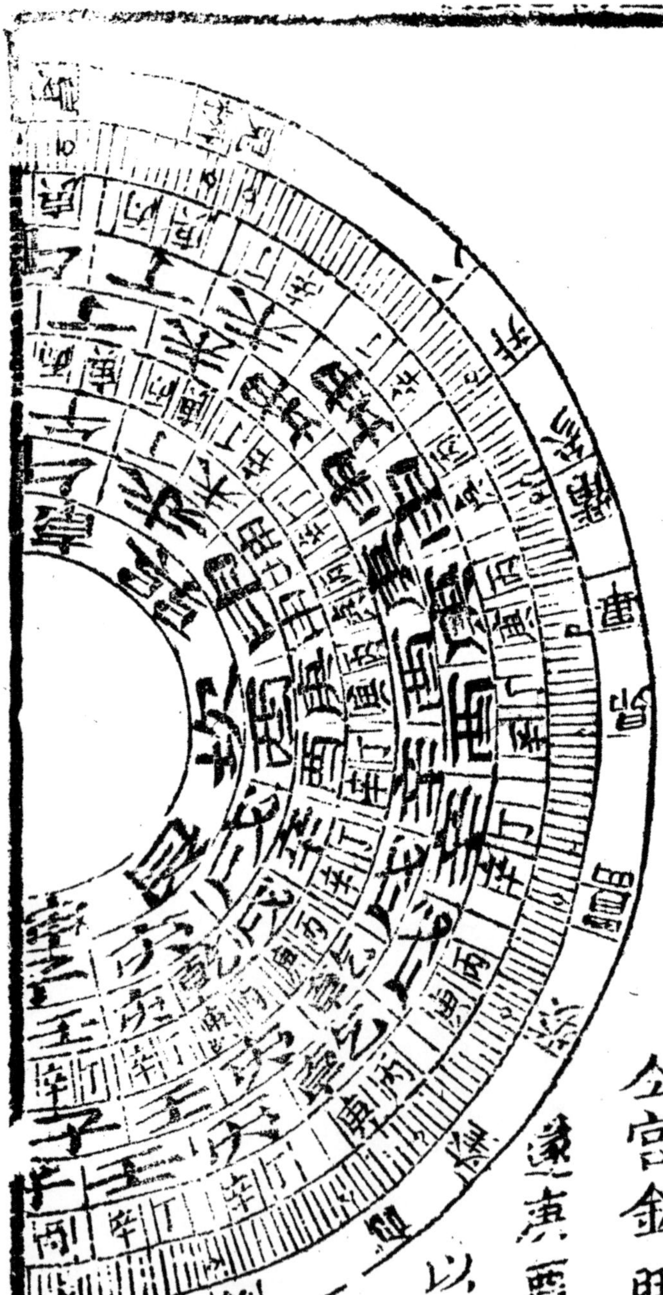

会戌

火局。艮

丙辛從之。

申子辰会成

水局。坤壬乙從之。巳酉丑会成金局。巽庚癸從之。亥

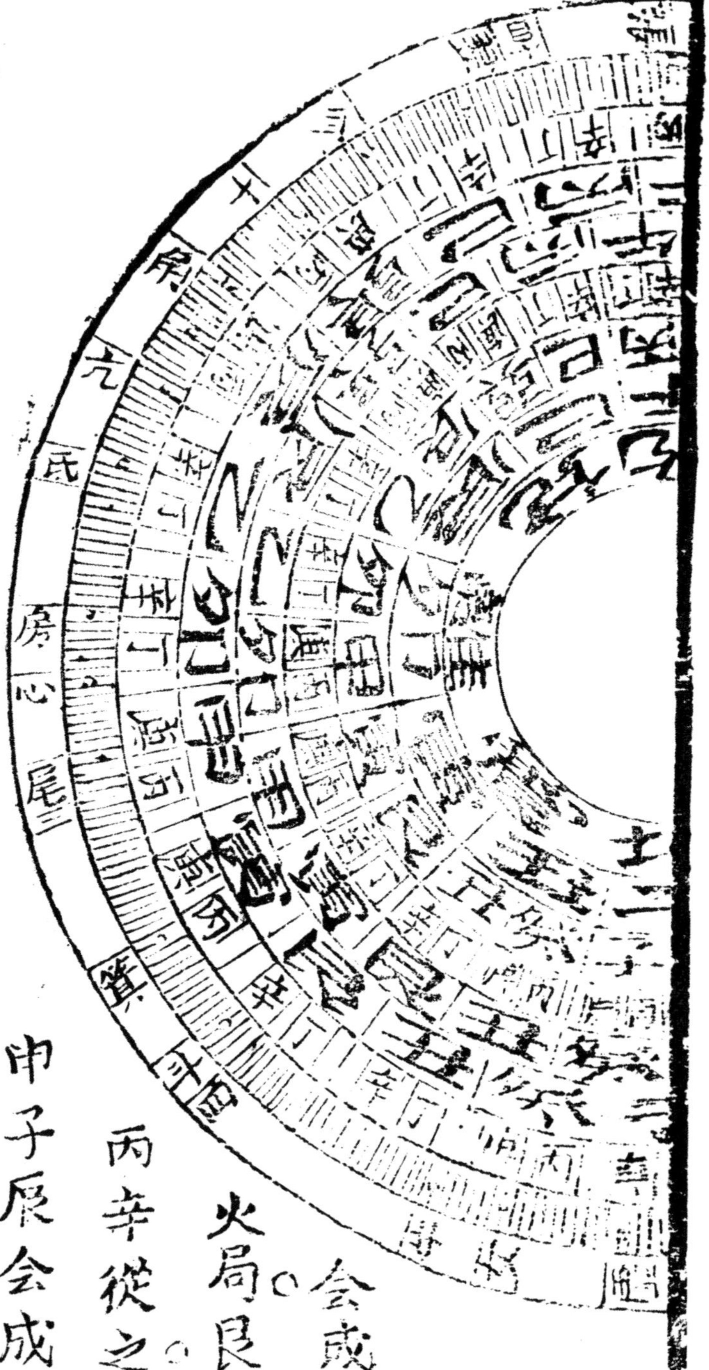

卯未会成木局乾甲丁從之名曰双山五行今以人家癸福年分考之坤峯起每在亥卯未年應艮峯起每在巳酉丑年應乾峯起每在寅午戌年應巽峯起每在申子辰年應竟不合天盤双山而合子癸午丁合它以干祿為主之人盤双山所以天盤二十四向反有十四向貽害人間也而今列在第三層昔以術家皆用故指南針下即列縫針天盤也至正針地盤[illegible]劉公賴翁針法列在第六層着以第八層第九

層宿度界限盤即天体也天下即地地上即天天盤合一也中針人盤居第五層者正以其能合天合地也葢一亥言天上壁水㺄即地上訾娵之亥地盤之亥尚半壁半室天盤之亥全移過壬室上惟人盤之亥乃在壁宿正位雖地盤人盤亦有不能所裁與天宿相合處然相差不遠不若天盤之大相懸絕也此中針人盤居五層與第六層地盤相為表裏上合乎天也昔徐試可羅經列人盤在外與天宿盤相合

倘亦窺得此意乎。何羅經解中並未說及此義。

羅經背書　十行每行十字

一層先天卦。地理祖也。二層十二支。周公指南針。羅經祖也。三層四層縫針天盤百廿分金從時好也。六層七層正針地盤百廿分金。共八層宿度九層界限盤相辦者天包地。地承天也。五層中針人盤居中者。頭頂天足立地此盤得天地相合也。嚴陵張九儀識

全州百里蔭松

全州非廣西地也三面皆湖南郡邑止西南一[illegible]往桂林看古嚴關形勢可知己州向名湘源考湖廣三湘水大源出興安東南海陽山中倒流西北百四五十里至分水斗秦始皇鑿開以通楚粵有廟祀焉報萬世永賴功也三分其水一分入灕向西北行二三里即向西南至桂林轉南而東去廣東二分轉向東北流百二十里過全州城下向永衡長沙滙三湘入

洞庭可見全州非湘之原但驛路一百二十里古松挿天蒼翠可愛行人冬夏受其蔭庇無不歌功頌德土人曰此楊寡婦攻柳州城時所種隨查州誌明初大守章復二守李習同心恊力種植此樹嗚呼前賢之功德竟淹没于土人口是後學不能表章之罪也余甚懼焉爰立石赤蘭路傍俾来往仕商見之知此再甲歆松為章李二賢遺澤垂三四百年前賢之心想後學之心安已

石碑録後

明交趾大守解　縉過全州偶成

國朝大守章君復種得青松夾道長夏日行人名駐馬全州一萬樹共賞　大清康熙丙申嚴陵張鳳藻年逾八旬赴　部候選奉　旨午門看驗蒙滿漢九鄉科道聞報履歷廩膳生員一齊拱手道秀才恭喜吏目也去做年高力健上官定知愛敬抵任次春廣西　黃藩憲桂林　吳府尊召閱公署徃省見百里蔭松力德大且久慨念　章李二賢恩無奕世正宜

歲時尸祝何問士大夫姓氏尚不知詎前賢三四百年遺澤可忘耶爰勒觧學士詩表著之

大守韋復鄱陽人　同知李習淮安人　並洪武元年任　匡廬周公淮録鐫　楚南蔣而文採石

報履歷時都察院掌院左都御史范公時崇拱手道我才恭喜衆驚問曰他報廪膳生員是個秀才不是那白衣了因此盡皆拱手道喜

地理穿山透地真傳跋

孫男 張允灼
張允燝 百拜述

地理穿透真傳。余祖得之淳安方太夫子，又承方太夫子，太夫子得之宋時瓊州海南白仙師。昔方太夫子習舉子業，篤嗜地理。凡書不誦錄，凡法不講究，凡理不研究，可謂博而精。已然出議論，稽之往籍，非不津津有味。及登山頭，考之仙蹟，則茫然也。地之發然，凡窮一條形也有葬鼻者有葬眼者一斷風天馬也此葬口而彼又葬尾全一龜也有葬前肩者有葬後脚者全一鳳形也何以左向合理壟左口者不發左向不合硬挖左角者反發也且有高而葬山頂者有低而葬水涯者有壟山之正面者有葬山之背後者有葬直左者有葬偏坡者有葬石上者有葬水窩者已上人家所葬地正正奇奇紛紛不一其中發驗有大富大貴者焉有大富小貴大貴小富者焉有富貴

而壽考令終有富貴而凶殘不善者焉且有因窮已
極而勃然發起者與隆盛滿而忽然歇滅者焉以至
王為侯而一以子孫悠久一以當身斬絕者焉且有
為盜為賊而闢土開疆者焉且有本地發富發貴
者有巡竄他方而以時得位者焉此皆葬地中所發
出而我欲臨焉將用何法以決斷之若不能決斷已
往何以為將來趨避之法忽遇一道人曰吾知汝用
心已苦吾與子入山中考驗之遂入山而下 如見太

夫子曰余閱書多且久如此決斷法書上茫未之見仙師曰果无也間一有之而人錯用其解大為鋪張病入膏肓而不知太夫子竭尽至誠拜誓以求仙師鑒其懇篤開怪付授方知地上變化多端而總不出此渾天之竅此竅一得一地如此十地亦如此即千百万地无不如此所謂得其一萬事畢者此也茫来地理書能合得此一竅乎此竅不可輕視乃地上為吉為凶者總為秘之竅而地理書不合何以為地理書乎所

以掛亭說讀之峯十家地仙書皆浮詞虛話作分費
紙盤桓久叩求姓氏笑而不答徐曰余曾在穗川居
丘南劉宗拜仰天螺螄形异曰到彼然後便知余也及
余　祖同侍後到羅浮州方知是宋時　白玉蟾仙師
也明初隱徐姓藥鋪切藥三年因抱小兒往福建取
荔枝五六千里路晚去曉回露仙扒扒遂扦三地而川
余　祖處曰久遺忘述砂水要訣二篇藏之笥中不
料乙卯剃四彈子後乙亥年武進岩兩侶高老先生砂

水要訣未剞之先被鄰郡人竊去砂訣一篇改頭易面誣作賴氏書且多以水訣生睡錯註砂法生睡幸水法易訣及麻榛砂歌甫畢水法猶讀歌竊不去不能改然未經口授出頭指點終不得竅正恐誤人先自誤此慈溪王姓者人誠冤誤識得渾天寶鏡中之竅庶幾學問真而利己利人多多也謹述

康熙戊戌仲冬一陽之三日述于廣西全州督標之

有愧堂

心一堂術數古籍珍本叢刊　第一輯書目

編號	書名	作者	說明
32	命學探驪集	【民國】張巢雲	發前人所未發 稀見民初子平命理著作
33	澹園命談	【民國】高澹園	
34	算命一讀通——鴻福齊天	【民國】不空居士、覺先居士合纂	
35	子平玄理	【民國】施惕君	
36	星命風水秘傳百日通	心一堂編	
37	命理大四字金前定	題【晉】鬼谷子王詡	源自元代算命術
38	命理斷語義理源深	心一堂編	稀見清代批命斷語及活套
39-40	文武星案	【明】陸位	失傳四百年《張果星宗》姊妹篇 千多星盤命例 研究命學必備
相術類			
41	新相人學講義	【民國】楊叔和	失傳民初白話文相術書
42	手相學淺說	【民國】黃龍	民初中西結合手相學經典
43	大清相法	心一堂編	重現失傳經典相書
44	相法易知	心一堂編	
45	相法秘傳百日通	心一堂編	
堪輿類			
46	靈城精義箋	【清】沈竹礽	沈氏玄空遺珍 玄空風水必讀
47	地理辨正抉要	【清】沈竹礽	
48	《玄空古義四種通釋》《地理疑義答問》合刊	沈瓞民	
49	《沈氏玄空吹虀室雜存》《玄空捷訣》合刊	【民國】申聽禪	
50	漢鏡齋堪輿小識	【民國】查國珍、沈瓞民	
51	堪輿一覽	【清】孫竹田	失傳已久的無常派玄空經典
52	章仲山挨星秘訣（修定版）	【清】章仲山	章仲山無常派玄空珍秘 門內秘本首次公開 沈竹礽等大師尋覓一生未得之珍本！
53	臨穴指南	【清】章仲山	
54	章仲山宅案附無常派玄空秘要	心一堂編	
55	地理辨正補	【清】朱小鶴	玄空六派蘇州派代表作
56	陽宅覺元氏新書	【清】元祝垚	簡易・有效・神驗之玄空陽宅法
57	地學鐵骨秘　附　吳師青藏命理大易數	【民國】吳師青	釋玄空廣東派地學之秘
58-61	四秘全書十二種（清刻原本）	【清】尹一勺	玄空湘楚派經典本來面目 有別於錯誤極多的坊本

編號	書名	作者	簡介
62	地理辨正補註　附 元空秘旨　天元五歌　玄空精髓　心法秘訣等數種合刊	【民國】胡仲言	貫通易理、巒頭、三元、三合、天星、中醫
63	地理辨正自解	【清】李思白	公開玄空家「分率尺、工部尺、量天尺」之秘
64	許氏地理辨正釋義	【民國】許錦灝	民國易學名家黃元炳力薦
65	地理辨正天玉經內傳要訣圖解	【清】程懷榮	秘訣一語道破，圖文并茂
66	謝氏地理書	【民國】謝復	玄空體用兼備、深入淺出
67	論山水元運易理斷驗、三元氣運說附紫白訣等五種合刊	【宋】吳景鸞等	失傳古本《玄空秘旨》《紫白訣》
68	星卦奧義圖訣	【清】施安仁	
69	三元地學秘傳	【清】何文源	
70	三元玄空挨星四十八局圖說	心一堂編	三元玄空門內秘笈　清鈔孤本 過去均為必須守秘不能公開秘密 與今天流行飛星法不同
71	三元挨星秘訣仙傳	心一堂編	
72	三元地理正傳	心一堂編	
73	三元天心正運	心一堂編	
74	元空紫白陽宅秘旨	心一堂編	
75	玄空挨星秘圖　附 堪輿指迷	心一堂編	
76	姚氏地理辨正圖說　附 地理九星并挨星真訣全圖　秘傳河圖精義等數種合刊	【清】姚文田等	蓮池心法　玄空六法 門內秘鈔本首次公開
77	元空法鑑批點本——附 法鑑口授訣要、秘傳玄空三鑑奧義匯鈔　合刊	【清】曾懷玉等	
78	元空法鑑心法	【清】曾懷玉等	
79	曾懷玉增批蔣徒傳天玉經補註【新修訂版原（彩）色本】	【清】項木林、曾懷玉	
80	地理學新義	【民國】俞仁宇撰	揭開連城派風水之秘
81	地理辨正揭隱（足本）　附連城派秘鈔口訣	【民國】王邈達	
82	趙連城傳地理秘訣附雪庵和尚字字金	【明】趙連城	
83	趙連城秘傳楊公地理真訣	【明】趙連城	
84	地理法門全書	仗溪子、芝罘子	巒頭風水，內容簡核、深入淺出
85	地理方外別傳	【清】熙齋上人	巒頭形勢、「望氣」「鑑神」
86	地理輯要	【清】余鵬	集地理經典之精要
87	地理秘珍	【清】錫九氏	巒頭、三合天星，圖文並茂
88	《羅經舉要》附《附三合天機秘訣》	【清】賈長吉	清鈔孤本羅經、三合訣法圖解
89－90	嚴陵張九儀增釋地理琢玉斧巒	【清】張九儀	清初三合風水名家張九儀經典清刻原本！

編號	書名	作者	說明
91	地學形勢摘要	心一堂編	形家秘鈔珍本
92	《平洋地理入門》《巒頭圖解》合刊	【清】盧崇台	平洋水法、形家秘本
93	《鑒水極玄經》《秘授水法》合刊	【唐】司馬頭陀、【清】鮑湘襟	千古之秘，不可妄傳匪人
94	平洋地理闡秘	心一堂編	雲間三元平洋形法秘鈔珍本
95	地經圖說	【清】余九皋	形勢理氣、精繪圖文
96	司馬頭陀地鉗	【唐】司馬頭陀	流傳極稀《地鉗》
97	欽天監地理醒世切要辨論	【清】欽天監	公開清代皇室御用風水真本
三式類			
98-99	大六壬尋源二種	【清】張純照	六壬入門、占課指南
100	六壬教科六壬鑰	【民國】蔣問天	由淺入深，首尾悉備
101	壬課總訣	心一堂編	過去術家不外傳的珍稀六壬術秘鈔本
102	六壬秘斷	心一堂編	
103	大六壬類闡	心一堂編	
104	六壬秘笈——韋千里占卜講義	【民國】韋千里	六壬入門必備
105	壬學述古	【民國】曹仁麟	依法占之，「無不神驗」
106	奇門揭要	心一堂編	集「法奇門」、「術奇門」精要
107	奇門行軍要略	【清】劉文瀾	條理清晰、簡明易用
108	奇門大宗直旨	劉毗	天下孤本　首次公開 虛白廬藏本《秘藏遁甲天機》 奇門不傳之秘　應驗如神
109	奇門三奇干支神應	馮繼明	
110	奇門仙機	題【漢】張子房	
111	奇門心法秘纂	題【漢】韓信（淮陰侯）	
112	奇門廬中闡秘	題【三國】諸葛武侯註	
選擇類			
113-114	儀度六壬選日要訣	【清】張九儀	清初三合風水名家張九儀擇日秘傳
115	天元選擇辨正	【清】一園主人	釋蔣大鴻天元選擇法
其他類			
116	述卜筮星相學	【民國】袁樹珊	民初二大命理家南袁北韋 南袁之術數經典
117-120	中國歷代卜人傳	【民國】袁樹珊